Orison Swett Marden

Wer sich viel zutraut, wird viel leisten

Rat & Tat bei Oesch

Frank Bettger

Lebe begeistert und gewinne

Das Erfolgsbuch für Verkäufer. Mit einem Vorwort von Dale Carnegie. 38. Auflage

Emile Coué

Autosuggestion

Wie man die Herrschaft über sich selbst gewinnt.
Die Kraft der Selbstbeeinflussung durch positives Denken.
Neuausgabe des Weltbestsellers.

Benjamin Franklin

Der Weg zum Reichtum

Geschichte meines Lebens

Lillian Glass

Mit mir nie wieder!

10 Methoden, mit Menschen umzugehen,
die Ihnen das Leben schwer machen.
12. Auflage

Lillian Glass

Sprich doch einfach Klartext!

Wie man selbstbewußt kommuniziert und die Initiative ergreift.
6. Auflage

Susan RoAne

Sag doch einfach hallo!

Wie man sich in Gesellschaft selbstbewußt bewegt und Kontakte knüpft. 15. Auflage

In Ihrer Buchhandlung

Orison Swett Marden

Wer sich viel zutraut, wird viel leisten

Oesch Verlag

Vom Verlag grundlegend überarbeitete und modernisierte Fassung
nach der amerikanischen Originalausgabe

Die Deutsche Bibliothek – CIP-Einheitsaufnahme

Marden, Orison Swett:
Wer sich viel zutraut, wird viel leisten / Orison Swett Marden. –
Vom Verlag grundlegend überarb.
und modernisierte Fassung nach der amerikan.
Orig.-Ausg. – 3. Aufl. Zürich : Oesch, 2000
Einheitssacht.: How to succeed <dt.>
ISBN 3-85833-484-7

Schutzumschlag: Alberto Niederer, Zürich,
unter Verwendung einer Fotografie
von Christina Zehntner, Zürich
Satz: Oesch Verlag
Druck und Bindung: Wiener Verlag, Himberg

3. Auflage 2000
ISBN 3-85833-484-7

Gern senden wir Ihnen unser Verlagsverzeichnis:
Oesch Verlag/Conzett Verlag
Jungholzstraße 28, 8050 Zürich
E-Mail: info@oeschverlag.ch
Telefax 0041/1 305 70 66 (CH: 01/305 70 66)

Unser Buchprogramm finden Sie im Internet unter:
www.oeschverlag.ch

Sei kühn!
Sei kühn, sei kühn, sei immer kühn!
Sei nicht zu kühn!

Inschriften auf den drei Toren
der antiken Stadt Busyrane

Inhalt

I.

Leistungsfähigkeit und Selbstvertrauen

Sobald du sagst:
ich habe genug geleistet –
bist du verloren.
AUGUSTINUS

»Du hast deinen Teil des Handels erfüllt, mein Sohn«, sagte er freundlich zu mir, »und ich bin bereit, meinen zu erfüllen. Ich werde dir die Dinge erzählen, die du wissen willst, weil ich allmählich alt werde, und alte Männer reden gern. Und wenn ein junger Mann den Rat eines alten sucht, wird ihm die Weisheit des Alters zuteil. Aber allzuoft glaubt die Jugend, daß wir Älteren nur die Weisheit vergangener Zeiten besäßen, und profitiert deshalb nicht von uns. Aber denke daran: Die Sonne, die heute scheint, ist die gleiche, die an dem Tag schien, als dein Vater geboren wurde, und sie wird immer noch scheinen, wenn dein letzter Enkel in die Dunkelheit eingeht.«

GEORGE S. CLASON in:
Der reichste Mann von Babylon.
Die Erfolgsgeheimnisse der Antike

Im September 1862 veröffentlichte Abraham Lincoln seinen mutigen Aufruf über die Sklavenbefreiung und notierte in seinem Tagebuch: »Ich habe Gott versprochen, es durchzuführen.« Niemand wird daran zweifeln, daß sein Entschluß bezeichnend war für die große innere Kraft des körperlich schwachen Mannes. Weder Spott noch Hohn, weder die wilden Drohungen der Sklavenhalter noch der feige Rückzug von angeblichen Freunden konnte seinen Entschluß erschüttern, den Kampf für die Sklavenbefreiung aufzunehmen, der ihn letztlich das Leben kosten sollte.

Große Frauen und Männer der Geschichte, denken wir etwa an Florence Nightingale, an die blinde Helen Keller, an Sokrates oder Bismarck, besaßen jenes gewaltige Selbstvertrauen, das ihre Kraft verdoppelte, verdreifachte, ja vervielfachte. Nur dieses Selbstvertrauen erklärt die Erfolge von Luther, Churchill oder Madame Curie.

Wie hätte das Hirtenmädchen Johanna von Orléans das französische Heer zum Sieg führen können ohne diesen alles bezwingenden Glauben an ihre Sendung?

Dieses Selbstvertrauen machte Johanna so stark, daß selbst der König vor ihr niederkniete und rauhe Krieger sich von ihr führen ließen wie Kinder.

Als der englische Staatsmann William Pitt d. J. entlassen wurde, sagte er zum Herzog von Devonshire: »Ich bin überzeugt, daß nur ich und kein anderer das Land retten kann.« Und George Bancroft* schreibt: »Elf Wochen lang hatte England keinen Minister, aber dann erkannten der König und der Adel den Anspruch Pitts auf die Leitung der Geschäfte an und überließen ihm erneut die Zügel der Regierung.«

Benjamin Disraeli, der verachtete Jude, erzwang sich durch sein unbegrenztes Vertrauen in seine eigenen Fähigkeiten die Anerkennung und gewann schließlich die Führung Englands. Er verlor sein Selbstvertrauen auch dann nicht, als er im Parlament verhöhnt und ausgepfiffen wurde: »Sie werden mich schon noch anhören«, meinte er trocken. Er hatte das Gefühl der Kraft, die ihn später zum leitenden Staatsmann Englands machte und die Pfiffe und das Hohngeschrei in Bewunderung und Beifall verwandelte.

Auch Präsident Teddy Roosevelt hatte seine Erfolge dem Selbstvertrauen zu verdanken, das er ausstrahlte. Er glaubte ebenso an Roosevelt, wie Napoleon an Napo-

* 1800–1891, amerikanischer Historiker und Diplomat, Verfasser einer zehnbändigen Geschichte der USA.

leon glaubte. Gegen außen wird kein Schatten eines Selbstzweifels sichtbar, und die Welt weicht vor einem entschlossenen Geist zurück, der alle Hindernisse aus dem Weg räumt.

Nur wer von vornherein denkt, daß er seine Sache nicht meistern kann, ist zum Scheitern verurteilt. Es gibt kein Mittel, durch das wir gewinnen können, wenn wir nicht an uns glauben. Mut und ein kraftvoller Wille geben uns dagegen die Kraft, Erfolglosigkeit, Hohn, Spott abzuschütteln, scheinbar unüberwindliche Hürden zu überspringen, die Angst vor dem Versagen abzuschütteln und unsere Augen vorwärts auf das Ziel zu richten.

Was denken wir von einem Studenten, der Jurist werden will und der sich statt dessen obskuren esoterischen Studien widmet? Wird aus ihm ein bedeutender Richter oder Staatsanwalt? Nein, wenn er nicht bereits am Studium scheitert, wird er wohl einen untergeordneten Posten in einer Kanzlei oder in einer Firma finden, ein Berufsleben lang unglücklich sein und sich verkannt fühlen. Ein drastisches Beispiel, denn klarlinige Rechtswissenschaft und verschwommene Esoterik vertragen sich untereinander nicht. Ich will denn auch damit lediglich sagen, daß wir uns nicht von unserem Ziel ablenken lassen dürfen, wenn wir es in nützlicher Frist erreichen wollen. Bezogen auf unseren Studenten, heißt dies, daß er sich so komplett in die Rechtswissenschaft versenken muß, daß sie sein Denken und Handeln bestimmt und ihm sozusagen in »Fleisch und Blut« übergeht. Ist er dazu nicht willens oder in der Lage, dann hat er seinen Beruf verfehlt und sollte sich neu orientieren, solange er noch dazu in der Lage ist.

Wenn wir uns besinnen, fallen uns in unserem Bekanntenkreis bestimmt Menschen ein, die den Mißerfolg gepachtet zu haben scheinen. Pechvögel sozusagen, die vor lauter Mißerfolg schon den Mut verloren zu haben scheinen, etwas Neues in Angriff zu nehmen; die sich, von Selbstzweifeln geplagt, in die Ecke drücken lassen und alle Bekannten mit ihrer traurigen Litanei verfolgen: »Die Umstände sind einfach gegen mich!« Sie werden meist gemieden wie die Pest, solange sie den Dunst des Mißerfolgs um sich verbreiten und den Geist des Zweifels und der Mutlosigkeit ausstrahlen. *Denn wenn wir glauben, daß uns nichts gelingt und daß wir selbst unfähig sind, eine Sache zu meistern, dann wird sie uns auch nicht gelingen.* Wir schwächen unser Selbstvertrauen durch unsere Minderwertigkeitsgefühle derart, daß wir damit die Grundlage jedes Erfolgs gefährden. Und wir entfremden uns durch unsere Mutlosigkeit außerdem von jenen, deren Freundschaft und Achtung wir gewinnen wollen.

Es liegt in der Natur des Menschen, daß er an sich

selbst zu zweifeln beginnt, wenn Mißerfolge sich häufen. Oft pflegt er dann sich und seine Fähigkeiten herabzusetzen und nennt sich selbst schwach und unfähig. Tiere kennen diese Selbstzweifel nicht. Auf der Jagd nach Nahrung gelingt dem indischen Königstiger nur gerade etwa jeder zwanzigste Versuch, seine Beute zu schlagen; andere tierische Jäger haben noch höhere Mißerfolgsquoten. Auf der Suche nach Nahrung legt das Karibu jedes Jahr Tausende von Meilen zurück und durchschwimmt selbst die reißenden und eisigen Flüsse der nordamerikanischen Tundren. Viele Menschen aber, die kurzfristig keinen Erfolg hatten, resignieren nach dem allerersten Versuch und lamentieren, daß Gott und die Welt gegen sie seien und unüberwindliche Schwierigkeiten vor ihnen aufgebaut hätten.

Was aber soll *ich* tun? So werden Sie mit Recht fragen. Kurz zusammengefaßt dies:

Legen Sie jeden Gedanken an das Mißlingen ab; kein Schatten von Entmutigung darf Sie streifen. Fassen Sie Ihr Ziel kühn ins Auge, stolz und mit entschlossenem Mut. Sie werden mit eigenen Augen sehen, wie alles sich verwandelt und nach Ihrem Sinn fügt. Bevor Sie in eine neue Welt eintreten, muß sie lebendig vor Ihren Augen stehen. Nur dann werden Sie das erreichen, an was Sie glauben und nach dem Sie unaufhörlich suchen.

Ich kenne Menschen, die monatelang vergeblich eine Stellung gesucht haben. Sie betreten das Büro des Personalchefs, mit dem Bekenntnis ihrer Schwäche – wenigstens sieht man sofort an ihrem Benehmen, daß sie kein Selbstvertrauen haben. Ihr Gesicht und ihre Haltung sagen aus, daß sie keinen Erfolg haben werden: sie ergeben sich schon vor dem Kampf; sie sind redende Zeugen gegen sich selbst.

Wenn Sie eine Stellung suchen, so darf man nicht aus Gesicht und Körperhaltung die Worte ablesen: »Bitte, geben Sie mir doch den Posten; werfen Sie mich nicht hinaus; das Schicksal verfolgt mich; ich bin ein Pechvogel; ich habe keinen Mut; mein Selbstvertrauen ist fort!« Wer Sie so sieht, sagt sich sofort, daß Sie ungeeignet für jeden Job in dieser Firma sind, und sucht Sie so bald als möglich loszuwerden.

Wenn Sie eine Stellung suchen, müssen Sie jenes Selbstvertrauen ausstrahlen, das Ihren Gesprächspartner überzeugt, daß er Sie in die engere Wahl ziehen muß! Angesichts der heutigen Lage auf dem »Arbeitsmarkt« bietet dies allein natürlich noch keine Gewißheit, daß Sie die Stelle auch erhalten werden. Wir kennen alle die übrigen Kriterien, die für eine Entscheidung mit herangezogen werden, so daß ich sie nicht aufzuzählen brauche. Mit ausschlaggebend aber ist mit Bestimmtheit der persönliche Eindruck, den Sie hinterlassen. Lassen Sie sich nicht entmutigen, wenn es nicht auf Anhieb klappt. Denken Sie an den indischen Königstiger!

Das Gefühl, daß man sich auf sich selbst verlassen kann, hat ein großes und kraftvolles Selbstvertrauen zur Folge und ist der beste Ersatz für gute Empfehlungen, für einen vornehmen Stammbaum, für Einfluß und Geld. Selbstbewußtsein ist das beste Kapital der Welt: Es hat mehr Hindernisse beseitigt, mehr Schwierigkeiten überwunden und mehr Erfolge errungen als jede andere menschliche Eigenschaft.

Ich habe viele zaghafte Menschen danach gefragt, warum sie denn Gelegenheiten verstreichen ließen, die von andern Menschen mit viel geringeren Fähigkeiten sofort ergriffen und ausgenützt wurden. Die Antwort war jedesmal ein Geständnis etwa folgenden Inhaltes: »Ich habe keinen Mut; es fehlt mir an Selbstvertrauen, ich wage nicht, es zu versuchen, weil ich fürchte, ich mache irgend etwas falsch oder ungeschickt und muß mir dann später Vorwürfe machen lassen; es kommt mir so selbstsüchtig vor, wenn ich mich vordränge; ich halte es nicht für recht, eine Stelle anzunehmen, die so viel höher dotiert ist, als ich beanspruchen oder mir zutrauen darf; ich meine, ich sollte lieber warten, bis ich dazu aufgefordert werde oder bis ich noch besser ausgebildet bin ...«, und so weiter und so fort – die ganze Tonleiter des Mangels an Selbstvertrauen erklingt.

Diese Scheu, diese Zaghaftigkeit, diese Selbstherabsetzung ist oft ein viel gefährlicherer Feind des Erfolgs als wirkliche Unfähigkeit. Nehmen Sie das Licht in die Hand, dann haben Sie es immerhin hell genug, um den nächsten Schritt zu tun – kümmern Sie sich nicht darum, daß der weitere Weg noch im Dunkel liegt, denn das Licht geht mit Ihnen weiter. Überhaupt müssen Sie nicht den ganzen Weg bereits jetzt übersehen wollen: Ein Schritt genügt fürs erste.

Eine Gymnastiklehrerin an einer Mädchenschule sagte mir, ihr erstes Ziel sei immer, den Mädchen Selbstvertrauen einzuimpfen, so daß sie lernen, nur an das Ziel zu denken und nicht an die Mittel, durch die es erreicht wird. Die Lehrerin zeigt den Mädchen, daß die größte Kraft nicht in den Muskeln liegt, sondern im Kopf, und weist sie auf die bekannte Tatsache hin, daß ein Mensch in einer gefahrvollen Lage über sich selbst hinauswächst und Kräfte freimachen kann, die weit über dem Verhältnis zu seiner sonstigen körperlichen Leistungsfähigkeit stehen. Auf diese Weise lehrt die kluge Gymnastiklehrerin die Mädchen die Furcht und die Zaghaftigkeit überwinden, die das größte Hindernis für Erfolgserlebnisse bilden.

Ich bin fest davon überzeugt: Wenn wir von dem, was uns möglich ist, eine weit bessere Vorstellung hätten; wenn wir einen stärkeren Glauben an uns selbst besäßen, so könnten wir unendlich mehr leisten. Und wir erlangen diesen Glauben, wenn wir klar und deutlich erkennen, daß es kaum Grenzen für unsere Leistungsfähigkeit gibt.

Statt dessen aber bleiben wir gelähmt durch die alten Hemmungen und Minderwertigkeitsgefühle. An uns aber ist nichts Minderwertiges! Ein Mann, der in Harvard* studiert, seine Examen bestanden und vor Jahren mit Auszeichnung sein Studium abgeschlossen hat, schreibt mir, daß er noch nie mehr als 800 $ die Woche verdient habe. Ein anderer, der von Princeton* abging, berichtet, daß er noch weniger verdiene. Diesen Menschen fehlt es einfach am Mut, eine verantwortliche Stellung einzunehmen. Ihre ganzen Fähigkeiten werden vernichtet durch ihre Zaghaftigkeit und ihren Mangel an Selbstvertrauen. Für viele Menschen liegt die einzige Schwierigkeit darin, daß sie nicht genug Glauben in sich selbst haben, daß sie ihre eigenen Kräfte, Begabungen und Stärken nicht kennen. Der Mensch ist dazu geschaffen, seinen Kopf hoch zu tragen. Er ist zum Erfolg, nicht zum Unglück geboren, und er ist dazu bestimmt, sein Recht zu behaupten und durchzusetzen. Selbstherabsetzung ist ein Verbrechen.

Wenn Sie etwas Hervorragendes werden oder leisten

* Berühmte amerikanische Universitäten.

wollen, muß der Gedanke daran in Ihrem Geist festsitzen. Ich kannte einen Mann, der so bescheiden war, daß man ihm nicht die Hälfte von dem zutraute, was er wirklich zu leisten imstande war, ja seine Scheu hervorzutreten und seine Neigung zur Selbstherabsetzung umgaben ihn mit einer Aura, die Mißerfolg geradezu ausstrahlte. Dieser Mann erzählte mir, wie er diesen unglücklichen Hang mit Hilfe seiner Vorstellungskraft überwunden habe. Sam »übte« Selbstvertrauen. So ging er unter anderem in Stadtteilen, wo ihn niemand kannte, auf der Straße mit der Haltung und Miene eines Mannes in hoher Stellung und stellte sich dabei vor, er, Sam, sei der Bürgermeister der Stadt, der Gouverneur des Staates oder gar der Präsident der Vereinigten Staaten. Etwas verschämt gestand er mir, daß diese Übungen einen gewaltigen Einfluß auf sein Selbstvertrauen gehabt hätten. Schon durch das bloße Bemühen, so auszusehen, daß die Menschen ihn für etwas Bedeutendes halten sollten, gelang es ihm, nicht nur sein Äußeres, sondern auch sein Inneres zu verändern: seine Selbstschätzung stieg, und er spürte den Einfluß des neu gewonnenen Vertrauens in sich selbst in seinem ganzen Leben.

Wenn Sam früher durch die Straßen ging, wich er dem Blick der Vorübergehenden aus und vermied es, ihre Aufmerksamkeit auf sich zu ziehen: jetzt fordert er diese Aufmerksamkeit geradezu heraus, denn er macht den Eindruck eines Menschen, den man gerne kennen möchte. Mit anderen Worten: Er fühlt, daß er etwas Besonderes und Einzigartiges ist, und das spiegelt sich in seiner Selbstachtung und seinem Auftreten wider. Heute benötigt Sam diese geistigen Krücken nicht mehr und kann über seine frühere Mutlosigkeit lächeln. Aber er schwört noch heute felsenfest auf seine Methode, die ihm endlich geholfen habe, seinen eigenen Wert zu erkennen und zu bestimmen.

Erfolg ist also dann möglich, wenn wir uns selbst vertrauen und uns auch viel zutrauen.

Solange wir an uns zweifeln oder in Furcht vor Mißerfolgen erstarren, so lange kann uns nichts, überhaupt nichts gelingen. Halten Sie deshalb immer am Bild des Erfolgs fest, das Sie in Ihrem Kopf tragen. Diese Bilder verjagen die Schatten der Furcht und des Zweifels, wann immer sie wieder auftauchen sollten. Nie wird es Unglück, Pech und Mißerfolg gelingen, die Oberhand zu behalten, wenn wir unser Ziel vor Augen haben und fest daran glauben, es auch zu erreichen. Dann nehmen wir auch Rückschläge hin als das, was sie sind: oft unvermeidliche Zwischenstationen auf dem Weg zu Erfolg, durch die wir uns nicht niederdrücken oder beirren lassen. Betonen und behaupten wir unsere Überlegenheit über die äußeren Umstände. Glauben wir an uns selbst, empfinden wir, daß wir dazu geschaffen sind, Herr und nicht Sklave der Umstände zu sein. Diese Behauptung der Überlegenheit, dieses Betonen der eigenen Kraft, diese Bejahung Ihrer Fähigkeit, mit den Dingen fertig zu werden, diese ganze Haltung, die den Erfolg für Sie in Anspruch nimmt als Ihr unveräußerliches Recht – all das ist eine Quelle der Kraft und stärkt die Eigenschaften, gegen die sonst Furcht, Zweifel und Mangel an Selbstvertrauen ankämpfen.

Das Selbstvertrauen übernimmt den Oberbefehl über alle unsere Fähigkeiten und schmiedet aus ihrer vereinten Kraft eine mächtige Waffe. Selbstvertrauen trägt Überzeugungskraft in sich und bewirkt, daß auch andere an uns zu glauben beginnen.

Denn wenn du dir selbst vertraust, vertrauen dir auch andere!

Was ist alles durch die großartige Kraft »Selbstvertrauen« schon bewegt worden! Welche Siege hat sie schon errungen durch selbstbewußte Erfinder, Entdecker, Dichter, Künstler und Staatsmänner!

Wenn wir fest davon überzeugt sind, gerade *wir* könnten das ausführen, was andern unmöglich oder zu schwierig erscheint, dann beweist dies, daß etwas in uns ist, das mit einer Kraft in Verbindung steht, mächtig genug, um das scheinbar Unmögliche zu vollbringen.

Viele, die etwas Großes geleistet haben, können selbst nicht erklären, wie sie zu dem Glauben an sich selbst gekommen sind: sie können nicht sagen, warum sie das feste Vertrauen hatten, daß gerade sie diese oder jene Leistung vollbringen könnten – aber ihr Erfolg beweist, daß etwas in ihnen bis an die Quellen einer verborgenen, aber unermeßlichen Kraft hinabreichte. Und oft genug, wenn sie keinen Lichtstrahl auf ihrem Weg sahen, sind sie vorwärtsgegangen in der festen Überzeugung, daß sie sicher zum Ziel gelangen werden, denn ihr Glaube an sich selbst war stärker als aller – scheinbar übermächtige – Widerstand.

Wenn wir unsere Fähigkeit des Selbstvertrauens, des Glaubens an uns selbst üben, dann stärken wir alle anderen Fähigkeiten, mit deren Hilfe wir das Unternehmen durchführen, das wir uns vorgenommen haben. Das Vertrauen in uns und der Glaube an uns selbst ist die mächtigste Hilfe bei unserem Unterfangen, denn die starke Verinnerlichung, die dabei eintritt, wirkt auf jenen Teil des Gehirns, den wir zur Ausführung brauchen.

Alle Menschen, die der Welt in irgendeiner Sache ihren Stempel aufgedrückt haben, sind ihrem Glauben gefolgt, der sie durch die Wüste der Unsicherheit und der Mühsal in das gelobte Land des Erfolgs führte. Der Glaube an uns selbst ist ein unerschütterlicher Führer, der uns niemals in die Irre leitet. Der Ehrlichkeit halber – wir müssen sicher sein, daß es ein begründeter Glaube ist und nicht bloße Selbstsucht und Selbstüberschätzung!

Der Glaube an uns selbst erschließt uns die Wege zu schrankenlosen Möglichkeiten und zu unbegrenzten Kräften: er ist der wahre Sinn unseres Daseins. Und eines werden wir gewiß sein dürfen: daß er uns nie in die Irre führen wird. Der unerschütterliche Glaube an uns selbst vernichtet die größten Feinde des Erfolgs: Furcht, Zweifel und Schwanken; er überwindet die tausend Hindernisse, die den Weg der Schwachen und der Unentschlossenen versperren. Der Glaube an unsere Sendung, die Überzeugung, daß die Kraft in uns liegt, die Lebensaufgabe zu erfüllen, die unser Wollen und unser Gehirn uns vorschreiben – das ist das

Geheimnis der Kraft.

Mißerfolg kommt nur als geladener Gast zu uns. Die Gefahren, die wir fürchten, gerade die erwarten uns bestimmt. Sorge und Ängstlichkeit schwächen die Kraft unseres Geistes und stumpfen unsre schöpferischen Fähigkeiten ab, so daß wir sie nicht mehr mit Erfolg anwenden können. Die Furcht vor dem Mißlingen und der Mangel an Vertrauen in unsere Fähigkeiten sind die wichtigsten Ursachen des Mißerfolgs. Viele Menschen haben trotz glänzender Begabungen und Fähigkeiten nur mittelmäßige Erfolge erreicht, manche sogar nur Mißerfolge, einfach deshalb, weil sie selbst ihrem Können Schranken setzten, über die sie nicht hinauskommen zu können glaubten. Sie beschränken ihre Kräfte selbst, sie schaffen sich selbst Hindernisse auf ihrem Weg, indem sie nur ein untergeordnetes Ziel anstreben oder das Mißlingen gleich selbst herbeireden. Sie setzen ihre Waren herunter, statt sie anzupreisen; dadurch, daß sie ihre Fähigkeiten mit Worten verkleinern, setzen sie sich selbst auch in Wirklichkeit herab.

Gedanken sind Kräfte, und wenn wir beständig bejahen und behaupten, daß wir sowohl ein Recht auf Erfolg haben als auch die Kraft und die Fähigkeiten, ihn zu erreichen, dann verwandeln wir ungünstige Bedingungen und widrige Umstände ins pure Gegenteil. Wenn Sie kräftig entschlossen sind, unter allen Umständen Erfolg zu haben, werden Sie vor Hindernissen nicht mehr erstarren wie das Kaninchen vor der Schlange, sondern die Hindernisse überwinden oder notfalls umgehen. So schaffen Sie binnen kurzem eine Atmosphäre von Erfolgsgedanken um sich herum, und diese wiederum ziehen den Erfolg an. So können Sie sich selbst zu einem Magneten für den Erfolg machen.

»Ach, wenn sich doch die Dinge ändern möchten!« –

ein Seufzer, den Menschen oft ausstoßen. Ja, was ändert denn die Dinge? Wünschen oder Befehlen? Träumen oder Arbeiten? Können Sie erwarten, daß sich die Vorbedingungen ändern, nur weil Sie sich hinsetzen und den Wunsch aussprechen, daß sich die Bedingungen ändern mögen? Wie lange, denken Sie, würden Sie wohl brauchen, um ein Haus zu bauen, wenn Sie sich auf die Grundmauer setzen und nun wünschen, es möchte sich doch von selbst aufrichten? Wünschen hilft gar nichts – außer wenn Unternehmungslust, Mut, Entschlossenheit und Energie dahinterstehen. Denn:

Die Tat ist wichtig, nicht der Wunsch!

Daniel Websters Vater war tief bekümmert, als sein Sohn eine Stelle als Gerichtsschreiber mit eintausend Dollar Jahresgehalt – damals eine stattliche Summe – ausschlug, die er ihm mit großer Mühe gesichert hatte. »Daniel«, sagte er, »willst du wirklich dieses Amt nicht übernehmen?« »Nein, Vater«, war die Antwort, »ich rechne auf etwas viel Besseres. Ich will beim Gericht meine Zunge und nicht meine Feder arbeiten lassen, ich will selbst als Handelnder auftreten und nicht bloß über die Handlungen anderer berichten.« Dieser Glaube an sich selbst und die eigenen Fähigkeiten war bezeichnend und bestimmend für die Laufbahn dieses Mannes (1782–1852), der ein bedeutender Politiker und später amerikanischer Außenminister werden sollte.

Jedes Kind sollte lernen, zu glauben, es sei ebenso sicher zum Gelingen geschaffen, wie die Eichel dazu geschaffen ist, später eine Eiche zu werden. Es ist geradezu grausam, wenn Eltern oder Lehrer einem Kind sagen, es sei dumm oder stumpf, es sei nicht so klug oder geschickt wie andere Kinder in seinem Alter. Sie sollten es vielmehr mit Hoffnung, Vertrauen, Glauben und Zuversicht an sein angeborenes Recht auf Erfolg zu erfüllen suchen. Wir sollten unsere Kinder dazu erziehen, daß sie große Dinge für und von sich erwarten und fest an ihre Kraft glauben lernen, daß sie etwas Wertvolles in dieser Welt zu leisten haben.

Ohne Selbstvertrauen und ohne eiserne Willenskraft ist der Mensch ein Spielball des Zufalls, ein Geschöpf der Umstände. Schon in der Kindheit muß die Saat ausgestreut werden, aus dem ihm die Kraft erwächst, das Leben zu »erobern«.

Wenn Sie etwas Großes erreichen wollen, so können Sie dies nicht dadurch erreichen, daß Sie den Gedanken an Mittelmäßigkeit in Ihnen lebendig erhalten, den Gedanken, daß Sie weniger wert seien als andre, daß Sie nicht so befähigt seien, daß Sie dies und jenes niemals tun könnten. Der Gedanke *»Ich kann nicht«* reißt immer nur nieder und baut niemals auf. Wenn ich es zu etwas bringen will in dieser Welt, muß ich den Kopf hoch tragen: »Ich bin kein Bettler, ich bin nicht arm, ich bin nicht erfolglos – nein, ich bin ein Sieger, der Erfolg ist mein angeborenes Recht, und niemand wird ihn mir rauben.«

Selbstschätzung ist nicht etwa eine schlechte Eigenschaft, sondern eine gute, nein *die beste aller Eigenschaften.* Sich selbst hoch einzuschätzen, das heißt das Unendliche in uns und sein Vorhaben mit uns erblicken, das heißt das vollkommene Bild schauen, das der Schöpfer im Geiste sah, als er uns bildete – den vollkommenen Menschen, nicht den verkrüppelten, den ich erblicke, wenn es mir an Selbstachtung und Selbstvertrauen fehlt. Wenn wir etwas von unserem unsterblichen Selbst erblicken, dann sehen wir Möglichkeiten vor uns, an die wir vorher nicht im Traum zu denken wagten. Ein Gefühl von Ganzheit, von Kraft und Selbstvertrauen erfüllt unser Leben und gestaltet es um. Wenn wir uns selbst richtig einschätzen, dann sind wir in Harmonie mit dem Unendlichen, unsere Fähigkeiten sind an eine Leitung angeschlossen, aus der unbegrenzte Energie in uns überströmt, und wir ertasten nicht länger in Dunkelheit, Zweifel und Schwäche unseren Weg, sondern wir wandern im Licht und schreiten voran.

Exkurs 1

Seid klug wie die Schlangen oder Die Gefahr der Selbstüberschätzung und wie wir sie vermeiden lernen

Selbstbewußtsein und Selbstachtung dürfen uns nicht dazu verleiten, uns und unsere Mittel zu *überschätzen* und die Lage und die Schwierigkeiten zu *unterschätzen!* Nur Selbstvertrauen vereint mit dem Realitätssinn erlaubt eine kluge und umsichtige Planung.

Im vorangehenden Kapitel haben wir den großen Napoleon als einen Menschen mit außerordentlich hohem Selbstvertrauen eingestuft. Ja, an Selbstbewußtsein mangelte es ihm nicht, auch nicht an glänzenden Fähigkeiten. Napoleon war ein grandioser Planer und Stratege, er setzte die Diplomatie virtuos für seine Zwecke ein, und er war von einer geradezu ungeheuerlichen Energie beseelt. Napoleon konnte Menschen derart mitreißen, daß sie für ihn und seine Ideen durchs Feuer gingen, und er war wohl einer der genialsten Feldherren aller Zeiten. Trotzdem ist er letztlich gescheitert.

Warum? Nach anfänglichen Mißerfolgen wie dem mißglückten Ägyptenfeldzug zog er die richtigen

Schlüsse und lernte aus seinen Fehlern. Danach eilte Napoleon von Sieg zu Sieg und unterwarf fast ganz Kontinentaleuropa oder brachte es zumindest unter seinen Einfluß. Seinen größten und schwierigsten Feldzug aber bereitete er schlecht vor. Er *überschätzte* sich, die Kräfte Frankreichs und der zum Feldzug gezwungenen Truppen der Verbündeten.

Er unterschätzte die endlosen, schlechten und gefährlichen Nachschubwege, die Kraft Rußlands und die Intelligenz seines Hauptgegners General Kutusow, der Entscheidungsschlachten so lange auswich, bis er in »General Winter« jenen Verbündeten fand, der an den für Napoleon vernichtenden Niederlagen beim Übergang der Bersina und bei Smolensk entscheidenden Anteil hatte. Danach folgte die Niederlage in der Völkerschlacht bei Leipzig, die Verbannung nach Elba, die Herrschaft der Hundert Tage und die Napoleons Schicksal besiegelnde Entscheidungsschlacht bei Waterloo. Streng bewacht, verbrachte Napoleon auf der einsamen Atlantikinsel Sankt Helena die letzten Tage seines Lebens. Hier schrieb er:

»Was mich selbst betrifft, so hat man meine größten Taten dem Glück in die Schuhe geschoben, und man wird nicht verfehlen, mir persönlich an meinen Niederlagen schuld zu geben.«

Wir können von Napoleon lernen. Hüten wir uns vor unüberlegten, schlecht vorbereiteten Handlungen, wägen wir unsere Entscheide und Pläne sorgfältig ab, lernen wir selbstkritisch Für und Wider zu analysieren, Fallstricken aus dem Weg zu gehen und Widerstand in unsere Pläne mit einzubeziehen. Seien wir klug wie die Schlangen!

Wenn sich zu Mut, Selbstvertrauen und Selbstachtung, Energie und Begeisterung noch der Verstand gesellt, dann sind Sie auf dem richtigen Weg.

II.

Unser Geist wird wach

Der Geist ist es, der sieht und hört;
alles andere ist stumm und taub.
EPICHARM

In diesem Zustand umfaßt der Mensch die ganze Stufenleiter der Erkenntnis. Noch wurzeln seine Füße in den ungeheuren Mächten der Dunkelheit, aber sein Auge und sein Gehirn befassen sich bereits mit den Sonnen- und Sternensystemen. Das ist der Augenblick der reifen Gesundheit, der Gipfel der Kraft.

RALPH WALDO EMERSON

»Wie macht sich der Junge, Davis?« fragte der Landwirt John Field, während er seinen Sohn Marshall bei der Bedienung eines Kunden beobachtete. »Nun, John, wir zwei sind alte Freunde«, antwortete Deacon Davis, nahm einen Apfel aus einem Korb und reichte ihn Marshalls Vater als eine Art Friedensgeschenk. »Wir sind alte Freunde, und ich möchte dich nicht kränken: aber ich bin ein offenherziger Mann und will dir die Wahrheit sagen. Marshall ist ein guter und zuverlässiger Junge, das muß man ihm lassen; aber ein guter Kaufmann wird er nie und wenn er tausend Jahre bei mir im Laden bleibt. Er ist nicht aus dem Holz geschnitten, aus dem Kaufleute gemacht werden. Nimm ihn auf deine Farm zurück, John, und laß ihn die Kühe melken!«

Wenn Marshall Field als Lehrling in dem Laden von Deacon Davis in Pittsfield, Massachusetts, geblieben wäre, wo er seine erste Stelle angetreten hatte, dann wäre aus ihm bestimmt nicht der erfolgreiche Kaufmann geworden, zu dem er schließlich wurde – allen Unkenrufen seines Lehrmeisters zum Trotz. Marshall ging 1856 nach Chicago. Die Stadt blühte und stand am Anfang einer rasanten Entwicklung. Wo wenige Jahre zuvor nur ein indianisches Händlerdorf gestanden hatte, wohnten nun 85 000 Menschen. Marshall erkannte, daß er hier sein Glück machen und seinen Lehrmeister Lügen strafen konnte. Er beschloß, Großkaufmann zu werden und Karriere zu machen: »Wenn andere so großartige Erfolge erzielen, kann ich ebenfalls Erfolg haben.«

Field lag der Handel im Blut, und seine erfolglosen ersten schüchternen Gehversuche im Laden von Pittsfield hatten sein Selbstbewußtsein nicht erschüttern können, seinen Ehrgeiz nur noch mehr angestachelt. Die verborgenen Kräfte bündelten seine Energie auf ein Ziel. Und die fiebrige, hektische Atmosphäre in der Stadt kam seinen Anlagen entgegen. Der Erfolg lag hier buchstäblich in der Luft, und alle Menschen schienen zu fühlen, daß Chicago die Stadt der unbegrenzten Möglichkeiten war.

Viele glauben, Ehrgeiz sei eine Eigenschaft, die uns in die Wiege gelegt worden sei oder aber nicht. Daran sei nichts zu ändern. Das ist Selbstbetrug.

Der Mensch an sich ist ehrgeizig. Selbstgenügsamkeit ist meist eine Folge von Bequemlichkeit und mangelnden Selbstbewußtseins. Wenn wir Selbstbewußtsein und

Selbstsicherheit entwickeln, setzen wir uns auch ehrgeizige Ziele. Und unser Ehrgeiz will gepflegt sein wie eine musikalische Begabung, an der wir täglich (wiederum mit Ehrgeiz!) feilen, da sie ansonsten bald verkümmert.

Wenn wir nichts oder wenig dazu tun, unsern Ehrgeiz in die Tat umzusetzen, verliert sich sein Schwung und seine Kraft – wir stumpfen ab. Wir können nicht erwarten, daß unser Geist frisch, kräftig und lebendig bleibt, wenn wir jahrelang in Untätigkeit, Trägheit und Gleichgültigkeit vor uns hinleben. Wenn wir laufend die besten Gelegenheiten verpassen, ohne auch nur einen Versuch zu machen, sie zu nutzen, bevor sie an uns vorübergleiten, wird unser Leben trübselig, und unsere Tatkraft erlahmt bald.

Ralph Waldo Emerson* sagt: *»Was ich am nötigsten brauche, das ist ein Mensch, der mich veranlaßt, alles zu leisten, was ich leisten kann.«*

Unsere, nein, *Ihre* Aufgabe ist es, alles zu leisten, was Sie können. Nicht etwa was Männer wie Napoleon oder Lincoln leisten konnten, sondern was Sie selbst leisten können. Alles kommt darauf an, daß ich das Beste aus mir selbst heraushole; und es ist ein himmelweiter Unterschied, ob ich zehn, fünfzehn, fünfundzwanzig oder aber neunzig Prozent meiner Fähigkeiten erschließe und

* 1803–1882, amerikanischer Philosoph und Dichter, einer der Begründer der klassischen amerikanischen Literatur.

nutzbar mache. Es gibt unzählige Menschen, die in der Mitte des Lebens feststellen,

daß sie gelebt werden, statt selbst zu leben;

daß sie nie richtig aufgewacht sind. Sie haben nur einen kleinen Teil ihrer Erfolgsmöglichkeiten entwickelt und nutzbar gemacht. Sie leben sozusagen noch im Schlaf. Das Beste in ihnen liegt so tief versteckt, daß es noch keine Chance hatte, sich zu entwickeln. Wenn wir solche Menschen treffen, fühlen wir deutlich, daß sie einen verborgenen Vorrat von Kräften haben, die noch gar nicht wirksam geworden sind. Ungeahnte Möglichkeiten schlummern unbewußt und ungenützt in ihnen und verkümmern nach und nach, weil sie nicht oder viel zu wenig gebraucht, genutzt und gefördert werden.

Vor einigen Jahren konnte man in den Zeitungen von einem fünfzehnjährigen Mädchen lesen, dessen geistige Fähigkeiten auf der Stufe eines kleinen Kindes stehengeblieben waren. Alice nahm nur an wenigen Dingen Anteil, träumte vor sich hin, untätig und gleichgültig gegen die Welt, die sie umgab. Eltern und Lehrer waren verzweifelt. Da, eines Tages, während sie einer Drehorgel auf der Straße zuhörte, erwachte Alice urplötzlich zu vollem Bewußtsein. Die Musik hatte ihre Sinne wie mit einem Zauberstab berührt. Sie kam jetzt erst richtig zu sich, ihre Fähigkeiten wurden wach, und in wenigen Tagen vollzog sich in ihr sprunghaft die Entwicklung ganzer Jahre. In nur einem Jahr wurde das Kind erwachsen, zeigte einen unglaublichen Lernwillen und den Ehrgeiz, ihre Fähigkeiten so rasch als möglich zu entwickeln. So tragen viele Menschen einen großen Vorrat an Kräften in sich, die noch unwirksam, noch nicht geweckt sind, wie bei diesem Mädchen, die aber wunderbare Wirkungen ausüben könnten, wenn wir nur imstande wären, uns ihrer bewußt zu werden, sie aufzuwecken.

Der oberste Richter einer blühenden Stadt im Westen der USA und einer der angesehensten Rechtsgelehrten des Landes war bis zur Mitte seines Lebens, bis zum Erwachen der in ihm schlummernden Kräfte, ein unwissender Handwerker, irgendwie unzufrieden – ohne aber eigentlich zu wissen, warum. Zehn Jahre später hat er in Rekordzeit ein Studium absolviert, füllt er ein wichtiges Amt aus, besitzt eine riesige Bibliothek, ist überaus gebildet und genießt den Ruf, daß sein höchster Ehrgeiz darin bestehe, andern Menschen zu helfen. Was hat diese unglaubliche Umwälzung in seinem Leben hervorgebracht? Er hörte einen einzigen – allerdings blendenden und mitreißenden – Vortrag über den Wert der Weiterbildung. Das erweckte die schlummernden Kräfte in ihm, entzündete seinen Ehrgeiz und stellte seine Füße auf den Weg der Selbstentwicklung, den er nun sofort, Schritt für Schritt in Angriff nahm.

Ich selbst bin vielen Menschen begegnet, die erst um die Mitte des Lebens erkannten, was für Möglichkeiten in ihnen verborgen waren und schlummerten. Es sind »Spätzünder«. Dann aber wachten sie ganz plötzlich auf, wie aus einem langen Schlaf. Der Anlaß für die wunderbare Verwandlung war oft scheinbar geringfügig. Das Beispiel eines Freundes, das Lesen eines anregenden Buches, der Besuch eines Konzerts oder einer Veranstaltung, das Zusammentreffen mit Menschen, die sich selbst hohe Ziele setzten, eine berufliche Veränderung ... oder die Liebe rüttelte diese Menschen wach, flößte ihnen den Mut und die Begeisterung ein, die wir brauchen, um unser Leben zu verändern.

Es hängt für Sie ungeheuer viel davon ab, ob Sie mit Menschen zusammen sind, die Ihre Anlagen und Fähigkeiten beobachten, die an Sie glauben, Sie ermutigen und loben, oder mit solchen, die alle Ihre Ideale herabziehen, Ihre Hoffnungen leugnen und kaltes Wasser auf das Feuer Ihres Ehrgeizes schütten. Menschen also, die Sie aus egoistischen Gründen auf dem Niveau halten wollen, auf dem sie sich selbst befinden.

Der Vorsitzende eines Jugendamtes in New York sagt in seinem Jahresbericht: »Die Gesellschaft, in der ein Kind aufwächst, prägt seinen Charakter.« In der New Yorker Gesellschaft zur Verhütung von Grausamkeiten gegen Kinder ist man nach dreißigjähriger Arbeit zu der

Überzeugung gekommen, daß die Einflüsse der Umgebung stärker sind als jene der Vererbung.

Auch ein willensstarker Mensch kann sich nicht völlig dem Einfluß seiner Umgebung entziehen. Wie unabhängig und entschlossen auch unser Wesen, wie stark unser Wille ist, wir werden doch beständig, oft unmerklich verändert durch das, was uns privat und beruflich umgibt. Sage und Literatur berichten von Wolfskindern, von ihren Müttern ausgesetzten Mädchen und Knaben, die von einer Wolfsmutter gesäugt und im Wolfsrudel aufgewachsen sind und die angeblich ganz und gar ein wölfisches Wesen angenommen hätten. Rudyard Kipling hat dem »Wolfsmenschen« mit seiner Figur Mowgli im »Dschungelbuch« ein unvergängliches literarisches Denkmal gesetzt. In Frankreich und in Indien sollen derartige Fälle angeblich belegt sein. Gleichgültig, ob wahr oder unwahr, können solche haarsträubenden Geschichten für uns ein Körnchen Wahrheit enthalten: Wir sind, zumindest zu einem Teil, von unserer Umgebung beeinflußt. Ist diese stumpf, roh, beklemmend oder angsterfüllt, werden wir – ob wir es nun wollen oder nicht – unbewußt davon mitgeprägt. Ist unsere Umwelt jedoch anregend, licht und lebensbejahend, müßten wir schon arg verbiestert sein, daß wir nicht von ihrem Schwung angesteckt werden.

Bei den meisten Menschen braucht es keine absolut

dominierenden Einflüsse, um sie zu verändern. Wir folgen ganz von selbst dem Beispiel, das unsere Umgebung uns gibt, und wir steigen und fallen mit den Wellen, auf denen wir schwimmen. Das Wort des Dichters:

Ich bin ein Teil von allem, was ich sehe

ist nicht bloß ein Spiel mit der Einbildungskraft, das Zitat spricht die volle Wahrheit aus. Alles, was Sie erleben, jede Zeitungsmeldung, Radio- und Fernsehsendung, jedes Buch, jedes Gespräch, jeder Mensch, mit dem Sie zusammen waren – alles hinterläßt in Ihrem Wesen einen Eindruck – einen kaum spürbaren oder einen stärkeren, manchmal einen heftigen und gewaltigen. Sie sind, nachdem Sie eine Erfahrung gemacht haben, nicht mehr ganz derselbe Mensch wie zuvor. Etwas hat sich in Ihnen und an Ihnen verändert. Ein amerikanischer Philosoph sagte, er sei niemals mehr derselbe Mensch wie vorher gewesen, als er die Dialoge von Platon zum erstenmal gelesen habe.

Dieses Phänomen können wir ausgezeichnet an jungen Menschen verfolgen, die nach der schulischen Ausbildung vor der Berufsausbildung oder dem Studium ein Auslandjahr absolvieren. Wenn sie zurückkehren, sind sie nicht mehr dieselben Menschen, die sie vor der Abreise waren. Sie denken anders, fühlen anders, sprechen anders. Ihre neue Umgebung hat sie verändert – es braucht einige Zeit, damit sie wieder in ihre altgewohnte

Umgebung hineinwachsen. Im besten Falle haben sie nicht nur eine andere Sprache erlernt, sondern auch ihren Horizont und ihr Wissen erweitert.

Wenn wir Menschen befragen könnten, die in einer niederdrückenden, entmutigenden Umgebung aufgewachsen und die nicht willensstark genug zum Widerstand gewesen sind, könnten wir feststellen, wie stark der Einfluß der Umgebung die guten Anlagen im Menschen unterdrückt und ihre Entwicklung behindert.

Wie gut oder wie schlecht es Ihnen auch ergehen mag – kein Opfer darf uns zu groß sein, durch das wir erreichen, in einer Umgebung zu leben und zu arbeiten, die unseren Ehrgeiz anfacht und uns dazu antreibt, an unserer Weiterbildung zu arbeiten und im Beruf wie im Leben unser Bestes zu geben. Halten wir uns an Menschen, die uns verstehen und an uns glauben, die uns helfen, uns selbst zu finden. Die uns dazu ermutigen, das Beste zu entwickeln, das in uns steckt. Davon kann alles für Sie abhängen, ob Sie ein besonderer Mensch werden oder im Mittelmaß steckenbleiben.

Die wenigsten Menschen können ihre berufliche Umgebung und die Firmenkultur entscheidend mitbestimmen. Wann immer Sie eine Chance sehen, hier mitzuwirken, versuchen Sie es! Was wir im Berufsleben nur selten bewirken können, wollen wir aber im Privatleben realisieren. Fördern wir unsere eigene Familie. Halten wir uns an jene Freunde und Bekannten, mit denen wir uns austauschen können, die uns anregen und die selbst Anregung bei uns suchen.

Wenn wir die Möglichkeit besitzen, unsere Arbeitsstelle selbst zu bestimmen oder auszusuchen, dann wählen die meisten Menschen die subjektiv »sicherste Stelle« aus. Der Mensch sucht nach Sicherheit und Geborgenheit auch im Berufsleben. Ich wage zu bezweifeln, ob der Wunsch nach Sicherheit die klügste Entscheidung ist, die wir treffen können. In prosperierenden Zeiten war Sicherheit meist leicht zu finden. Heute befindet sich die Weltwirtschaft in einem rasantem Umbruch. Was gestern noch galt, ist heute überholt. Vor fünf Jahren noch blühende Unternehmen sind vom Markt verschwunden, aufgekauft, in Stücke zerschlagen und in alle Winde zerstreut. Sicherheit ist trügerisch. Wer sich allzu lange in selbstgenügsamer Sicherheit wiegt, kann plötzlich in einem Albtraum erwachen. Die heutige Arbeitswelt ist brutaler denn je, wer nicht mit der Entwicklung Schritt halten kann, geht über Bord und reibt sich heute verblüfft die Augen und beklagt sein Schicksal.

Die Welt war nie gerecht, sie nimmt keine Rücksicht auf unsere Verdienste und Gefühle, zeigt kein Mitleid mit den Gestrauchelten, Ausgesteuerten und jenen, die sich nicht mehr zurechtfinden. Und wenn wir heute unter dem zunehmenden Druck ächzen, werden wir uns wundern, was für eine Welt wir in drei, in fünf oder gar in zehn Jahren vorfinden werden.

Wir können uns über diese Entwicklung entsetzen, sie verfluchen und uns selbst bemitleiden. Oder aber wir können uns ihr stellen und versuchen, das Beste daraus zu machen. Entwickeln wir unseren Ehrgeiz, unser Selbstvertrauen, werden wir feststellen, daß wir nicht nur Schritt zu halten vermögen, sondern daß es uns in bestimmten Fällen gar gelingen wird, selbst den Schritt vorzugeben.

Exkurs 2

Von der Kunst, sich zu verändern oder Vom Übel der Bequemlichkeit

Bequemlichkeit ist eine Todsünde. Und doch neigt jeder Mensch zur Bequemlichkeit. Auf einen Nenner gebracht: Je träger das Hirn, desto bequemer der Mensch. Forscher haben herausgefunden, daß drei oder vier Wochen Ferien, träge am Strand oder am Swimmingpool verbracht, Menschen »dümmer« machen. Grundsätzlich mißtraue ich den »vermischten Meldungen« in den Zeitungen. Hier aber stimme ich für einmal damit überein, weil mir die Schlußfolgerung einleuchtet.

Gewiß, der Mensch braucht Erholung vom Alltagsstreß. Er braucht das sogenannte »Abschalten«, wenn er nicht abstumpfen, sich übernehmen oder sich gar einen Herzinfarkt einhandeln will. Ein, zwei, drei Tage oder auch eine Woche dem »süßen Nichtstun« zu frönen kann Wunder für unsere geistige und körperliche Fitneß bewirken. Aber wir sollten uns davor hüten, für längere Zeit unser Gehirn ganz »auszuschalten«. Genausowenig wie es sich ein Spitzensportler leisten kann, einfach einige Wochen mit dem Training auszusetzen, genausowenig können wir »Normalmenschen« es uns leisten, unseren Geist über eine längere Zeit nicht zu trainieren und damit verkümmern zu lassen.

Wenn wir nach unseren wohlverdienten Ferien braungebrannt, hoffentlich glänzend erholt und gut gelaunt an unseren Arbeitsplatz zurückkehren, erwartet uns die unangenehme Tatsache, daß sich die Welt während unserer Abwesenheit weitergedreht hat, daß Dinge geschehen sind, die unsere Arbeit, ja unser Leben beeinflussen können. Wir sollten von der ersten Stunde an hellwach sein, denn es erwartet uns mit Bestimmtheit ein Berg voller Arbeit, der wir uns uneingeschränkt widmen müssen. Wie aber sollen wir ihn bewältigen, wenn wir uns vier Wochen lang nur mit der Wassertemperatur des Swimmingpools beschäftigt haben und zuerst eine Woche benötigen, um uns wieder in die reale Welt einzufügen?

Verstehen Sie mich bitte nicht falsch. Sie haben ein Recht auf Ferien und Erholung. Sie haben das Recht, einmal nicht an die Firma und Ihren Job zu denken. Und das ist gut so! Denn wer sich auch in den Ferien um seine Firma und jede Stunde um Dinge sorgt, die vielleicht schiefgehen könnten, wird sich nur schlecht erholen können.

Wenn Sie sich aber das Recht herausnehmen, Ihr Gehirn drei, vier Wochen oder gar länger »in die Ecke zu stellen«, werden Sie später darunter zu leiden haben. Vielleicht ist das Schlagwort von der »aktiven Erholung« gar nicht so dumm, wie es zuerst den Anschein macht. Aktive Erholung muß ja nicht unbedingt nur darin bestehen, herumzurennen, Sport zu betreiben (auch wenn Ihnen dies ganz bestimmt nicht schaden wird, vor allem dann, wenn Sie einen sitzenden Beruf ausüben!), sondern indem Sie neue Menschen, neue Länder, Städte, Ideen, Bücher, Museen kennenlernen, eine andere Sprache pflegen oder den Töpferkurs belegen, von dem Sie schon immer geträumt haben. Was Sie tun, braucht nichts, aber auch gar nichts mit Ihrem Beruf zu tun zu haben. Es sollte Ihre Neugier wecken und befriedigen und Ihren Geist anregen. Dann ist Ihr Urlaub ein Gewinn, und Sie werden hellwach, erfrischt und wie neugeboren in den Alltag zurückkehren.

Was für Ihre Ferien gilt, gilt auch für Ihr Leben. Es gibt kurzfristig nichts Angenehmeres und Bequemeres, als zu sagen: »Das haben wir immer so gemacht. Es gibt keinen Grund, das Bewährte in Frage zu stellen. Also machen wir es wie gewohnt, stellen wir das Denken ab.«

Schalten Sie Ihr Gehirn wieder ein. Denken Sie darüber nach!

III.

Vom Vergnügen, sich weiterzubilden

Bildung macht frei.
Wahlspruch des Buchhändlers
Joseph Meyer

Bildung ist zu wirklichem Dasein gewordenes Bewußtsein. Der gebildete Mensch sieht Welt und Dinge nicht chaotisch und nicht isoliert, sondern in bestimmt gegliederten Perspektiven.

KARL JASPERS

Unser größtes Kapital ist die Ausbildung. Der schlecht ausgebildete Mensch ist immer und überall im Nachteil. Wir können noch so viele natürliche Anlagen und Fähigkeiten besitzen: solange sie nicht ausgebildet sind, werden wir nicht vorwärtskommen. Es ist nicht genug, Talent zu besitzen; es muß durch geistige Schulung, durch gezielte Aus- und Weiterbildung erst nutzbar gemacht werden.

Es dauert manchmal lange, bis wir bemerken, daß die Lücken in unserer Ausbildung uns diesen oder jenen Karriereschritt verunmöglichen. Und wenn wir es bemerken, ist es für eine schnelle Korrektur meist zu spät. Aber selbst dies sollte uns nicht entmutigen, sondern anspornen, die Lücken desto schneller zu schließen.

Es ist nie zu spät, zu lernen und uns weiterzubilden! Sie werden zudem bald feststellen, daß Ihnen Weiterbildung Vergnügen und Freude bereitet.

Naturgegeben lernen wir am leichtesten in jungen Jahren. Wir sollten Eltern und Lehrern danken, wenn sie uns eine solide Wissensbasis ermöglichen. Aber Schulwissen ist nicht alles, wie wir im Berufsleben bald schmerzhaft erkennen müssen. Oft hinkt die Schule der Entwicklung hintennach, zudem kann sie nur wenig auf individuelle Begabungen oder Defizite Rücksicht nehmen. Drückebergern fällt es im allgemeinen leicht, sich durch die Schuljahre zu mogeln.

Spätestens mit dem Eintritt ins Berufsleben ist es aus mit der Mogelei. Nun müssen wir Farbe bekennen. Noch ist es nicht zu spät, Versäumtes nachzuholen, aber wir müssen uns sputen, sonst halten wir nicht mehr Schritt.

Aber auch mit abgeschlossener Berufsbildung oder nach einem Studium ist unsere Ausbildung keineswegs abgeschlossen, obwohl die Versuchung gerade jetzt sehr groß ist, uns im ersten Erfolg zu sonnen. Viel Neues lernen wir in der praktischen Arbeit fast spielerisch kennen, bewältigen und schließlich beherrschen. Vieles aber müssen wir uns weiterhin in der Abendschule, über Fernkurse und durch gezielte Lektüre aneignen, wenn wir auf der Höhe der Zeit bleiben und ihr bestenfalls gar eine Nasenlänge voraus sein wollen.

Während unsere Vorfahren bis ins 19. Jahrhundert das einmal Erlernte im Verlauf ihres Arbeitslebens perfektionierten und ihre Arbeit kaum durch technische oder wissenschaftliche Entwicklungen berührt oder gar in Frage gestellt wurde, sehen wir uns heute andauernd mit Neuem konfrontiert. Was wir gestern geleistet haben, zählt heute nur wenig und gilt vielleicht morgen schon als überholt. Wir haben heute ein Leben lang zu lernen. Und das ist gut so, auch wenn wir dabei manchmal außer Atem geraten sollten.

Wie aber bilde ich mich gezielt weiter?

Die beste Grundlage für unsere Weiterbildung bilden *unsere Neugier und unser Ehrgeiz.* Die Neugier läßt uns mit Freude lernen und verhütet, daß wir uns allzusehr nur auf unser Fachgebiet beschränken und dadurch zu »Fachidioten« werden – eine Gefahr, die heute mehr denn je besteht. Unser Ehrgeiz läßt nicht zu, daß wir vor einer Lernaufgabe kapitulieren, auch wenn uns diese schwerfallen sollte, weil sie nicht im Raster unserer Begabungen und Fähigkeiten liegt. Die wichtigsten Weiterbildungsbereiche sind:

- Allgemeinbildung,
- Muttersprache,
- Fremdsprachen,
- fachspezifische Ausbildung.

Haben wir ein Ziel erreicht, eine Ausbildung oder ein Studium erfolgreich abgeschlossen, neigen viele junge Menschen dazu, sich befriedigt zurückzulehnen: »Ich habe es geschafft. Jetzt kann ich mich endlich meinen eigenen Interessen widmen und mir ein bißchen Vergnügen leisten.« Genauso ergeht es Menschen, wenn sie nach einem Karrieresprung voller Genugtuung das Erreichte genießen und auskosten wollen. Sie sitzen im neuen repräsentativen Büro, legen die Füße auf ihr Pult und sinnieren darüber nach, wie erfolgreich sie doch seien. Das alles ist menschlich und verständlich, und ich freue mich mit Ihnen über Ihren berechtigten Stolz auf das endlich nach vieler Mühsal Erreichte.

Halt!

Wiederum haben wir vergessen, daß sich die Welt weiterdreht, und dies in rasendem Tempo. Sie kümmert sich keinen Deut um Ihren momentanen Erfolg. Ja, die Welt dreht sich derart schnell, daß Sie Gefahr laufen, aus Ihrem bequemen Chefsessel herauskatapultiert zu werden. Nicht etwa nach oben, sondern nach unten oder bestenfalls seitwärts, wenn Sie sich auf Ihren Lorbeeren auszuruhen gedenken.

Setzen Sie sich nach einem Erfolg sofort neue Ziele! Stacheln Sie Ihren Ehrgeiz neu an, versuchen Sie Ihren Geist so zu schärfen, daß er nun hellwach die neuen Herausforderungen wahrnimmt. Stellen Sie die Mittel bereit, um die auf Sie zukommenden Aufgaben zu bewältigen. Bilden Sie sich erneut und noch gezielter weiter!

Das tönt hart und ... so hart ist es auch gemeint. Das Leben ist kein Honigschlecken. Aber viele Menschen, und hoffentlich auch Sie selbst, glauben nun daran, daß Sie auch Ihre neu gesetzten Ziele erreichen werden. Dieser Glaube in sich und Ihre Fähigkeiten wird Ihnen jenen Schwung und Elan verleihen, jede Durststrecke, verursacht durch Selbstzufriedenheit und Bequemlichkeit, zu überwinden.

Der Mensch ist geschaffen, um zu wachsen: das ist der Sinn seines Daseins. Der beste Ehrgeiz besteht darin, daß wir uns brennend wünschen, jeden Tag verständiger zu werden, den Teufelskreis der Unwissenheit immer weiter zurückzudrängen und zu verkleinern, immer reicher an Kenntnissen, immer weiser und erfahrener zu werden. Es ist nicht empfehlenswert, die ganze Weiterbildung auf die Zeit des Schulbesuchs einzuschränken. Die am besten ausgebildeten Menschen sind jene, die dauernd dazulernen, die aus allen Quellen und bei jeder Gelegenheit neue Kenntnisse schöpfen und erwerben. Das hält Geist und Körper frisch und voller Spann- und Schaffenskraft.

Die Welt ist eine riesige Schule. Von der Wiege bis zum Grab steht alles bereit, um uns Neues zu lehren und uns Geheimnisse mitzuteilen. Viele Menschen nutzen diese immerwährende Schule und sammeln laufend neue Kenntnisse ein, indem sie von allem und jedem zu lernen bereit sind. Alles hängt davon ab, daß wir Augen haben, um zu sehen; Ohren, um zu hören, und einen Geist, um zu denken.

Aber seltsam, wie wenig Menschen verstehen, »richtig zu sehen«. Sie gehen scheinbar durch die Welt mit einem ganz oberflächlichen Blick auf die Dinge, und die Bilder, die ihr Auge aufnimmt, sind derart schwach und verschwommen, daß alle Einzelheiten verlorengehen und ihr Gehirn kaum kräftige und prägende Eindrücke erhält. Und doch ist das Auge der Erzieher des Gehirns, das selbst ein Gefangener ist, der nie mit der Welt in Berührung kommt, wenn unsere Sinne versagen. Unser wichtigster Sinn aber ist das Auge. Wer recht sehen gelernt hat, der sieht mit dem Gehirn. Sehen ist also nicht einfach eine Widerspiegelung der Außenwelt, sondern die Umsetzung des Gesehenen im Gehirn. Sehen bedeutet, daß zwei hochkomplizierte und spezialisierte »Computer« – das menschliche Auge und das menschliche Gehirn – miteinander vernetzt werden. Das Auge nimmt die Daten auf und gibt sie an den »Zentralrechner« Gehirn weiter, der sie verarbeitet und daraus die richtigen oder … falschen Schlüsse zieht. Je besser geschult Auge und Hirn sind, desto größer ist die Wahrscheinlichkeit, daß unser Gehirn die *richtigen* Entscheidungen fällt. Natürlich gilt dies auch für unsere übrigen Sinne, die sich genauso schulen lassen.

Obwohl wir also andauernd lernen, sind wir doch vor Fehlern nicht gefeit. Und das ist gut so. Denn aus Fehlern lernen wir und unser Gehirn die eindrücklichsten Lektionen. Dabei ist es ein Trost, daß auch Genies und Wissenschaftler irren:

Der Abt Gregor Mendel führte seine revolutionären Experimente an Pflanzen, um den Geheimnissen der Vererbung auf die Spur zukommen, im 19. Jahrhundert durch. Heute sind die Ergebnisse unter dem Stichwort »Mendelsche Gesetze« in jedem Lexikon zu finden. 1865 erläuterte Mendel seine Forschungen in Vorträgen an zwei Versammlungen von Naturwissenschaftlern und sandte die Ergebnisse zusätzlich an die ersten Koryphäen seiner Zeit. Kein Mensch aber nahm von ihm und seinen Thesen Notiz. Einzig eine unbedeutende Fachzeitschrift veröffentlichte die Vorträge. Wiederum kam kein Echo. Mendel resignierte und widmete sich fortan seiner kirchlichen Laufbahn.

Fünfundzwanzig Jahre später – Mendel war bereits 1884 gestorben – entdeckten beinahe gleichzeitig, aber unabhängig voneinander, drei Wissenschaftler das Werk Mendels. Das Ereignis schlug ein wie der Blitz und revolutionierte die Genetik. Die Wissenschaftler, denen Mendel 1865 seine Erkenntnisse vortrug, waren dafür blind und taub gewesen. In Firmen können wir dieselbe Blindheit erleben, die sich im Satz »Das haben wir immer schon so gemacht«

ausdrückt. Wenn dieser Satz zur Kultur Ihrer Firma gehören sollte, tun Sie gut daran, mit aller Macht für Veränderungen zu kämpfen oder sich notfalls nach einer anderen Stelle umzusehen …

Ich kenne einen Vater, der seinen Sohn planmäßig dazu anhält, seine Beobachtungsgabe zu üben und zu schärfen. Er schickt ihn in eine ihm noch nicht bekannte Straße und fragt ihn danach aus, um festzustellen, was und wieviel er beobachtet hat. Er läßt ihn große Schaufenster oder öffentliche Sammlungen ansehen und stellt fest, wieviel der Junge von dem, was er da gesehen hat, zu Hause noch weiß und beschreiben kann. Der Vater sagt, diese Übungen entwickelten in dem Jungen die Fähigkeit, die Dinge wirklich zu sehen, statt bloß auf sie *hinzusehen.*

Nun, ich weiß nicht, was der Sohn zu diesen Aufgaben sagt, aber die Methode ist gut. Wenn der große Naturforscher Louis Agassiz (1807–1873) in Harvard einen neuen Studenten erhielt, drückte er ihm einen Fisch in die Hand und sagte dem Schüler, er solle ihn eine halbe oder eine ganze Stunde lang ansehen und dann präzise beschreiben, was er gesehen habe. Wenn der Student dann überzeugt war, den ganzen Fisch bis in die kleinsten Details beschrieben zu haben, sagte Agassiz zu ihm: »Sie haben den Fisch noch gar nicht wirklich angeschaut; sehen Sie ihn noch eine Zeitlang an, und sagen Sie mir dann, was Sie Neues sahen.« Durch Wiederholungen solcher und ähnlicher Übungen entwickelte er in seinen Schülern die Beobachtungsgabe, die der Naturforscher für seine Arbeit braucht.

Wenn wir neugierig wie ein Fragezeichen durch die Welt gehen und unseren Geist frisch und lebendig alles auffassen lassen, was wir sehen und erfahren, so können wir uns geistige Reichtümer und Schätze an Wissen erwerben. Die Gabe zu sehen wird uns zwar in die Wiege gelegt, aber viele Menschen lernen nie, sie wirklich zu nutzen.

Zu diesen Menschen wollen wir, Sie und ich, nicht gehören! Wir wollen lernen zu sehen, was andere nicht sehen:

Zum Sehen geboren, zum Schauen bestellt.

(Goethe)

Die Gewohnheit, stets und überall zu lernen, ist von unschätzbarem Wert. Der Mensch wird um so schwächer und unfähiger, im Leben zu bestehen, je mehr er sich abkapselt und ausschließt. Dagegen läuft zwischen zwei Menschen, die miteinander in Berührung kommen, wenn ihr Geist lebendig und aufnahmefähig ist, ein beständiger Kraftstrom hin und her, der beide beflügelt.

Wenn wir mit andern zusammen sind, so geben und nehmen wir fortwährend: deshalb müssen wir in Berührung mit der Umwelt bleiben, unsre Hand am Puls der Welt halten und ihr Leben spüren und fühlen, wie sie sich verändert. Wir müssen ein Teil von ihr und ihren Veränderungen sein.

Ein einziges Talent richtig benutzt und geschult ist mehr wert als zehn, die durch Unwissenheit lahmgelegt sind. Bildung besteht darin, daß wir Kenntnisse in uns aufgenommen, verarbeitet und zu einem integrierten Teil unserer Persönlichkeit gemacht haben. Die Fähigkeit, die Kräfte zu betätigen, die in uns liegen, das, was man weiß, auch jederzeit anwenden zu können, wird zu unserer größten Stärke. Sie wird uns vorwärtsbringen.

Es liegt eine gewisse Gefahr darin, sich selbst ganz allein unterrichten und weiterbilden zu wollen. Wir werden dadurch leicht zu planlosem und unzusammenhängendem Lernen verführt, das nicht annähernd jene Erfolge bringt, die wir nach einem festen und erprobten Weiterbildungsplan erwerben können, für den wir uns auch einem gewissen Zwang zur Regelmäßigkeit unterwerfen. Wer lediglich aus Neigung lernt, wird zwangsläufig jene Gebiete bevorzugen, die ihm liegen, die Spaß bereiten und ein schnelles Vorwärtskommen garantieren. Es besteht dann die Gefahr, daß wir wichtige Gebiete vernachlässigen, weil sie uns zu kompliziert scheinen und (zu) harte Arbeit erfordern. Vokabeln zu »büffeln« bereitet vielen keinen Spaß, und wir müssen unseren ganzen Ehrgeiz mobilisieren, um es zu schaffen. Leichter fällt es, wenn wir in der Gruppe lernen, uns mit anderen messen können und dadurch ganz automatisch die Zeit reservieren, die es braucht, damit wir mit der Klasse Schritt halten können.

Nach meiner Erfahrung hat sich in der persönlichen Weiterbildung eine Kombination von schulischem Zwang und persönlichem Freiraum am besten bewährt.

Für Fächer, in denen wir nur ungenügende Grundlagen besitzen, lohnt sich die Weiterbildung in der Abendschule und in Kursen ganz besonders. Wenn möglich sollten wir dabei kleine Klassen bevorzugen, in denen wir aktiv mitarbeiten müssen und uns nicht verstecken können. Viele Menschen scheuen sich davor, sich vor anderen zu blamieren. Ein Unsinn – denn aus Fehlern lernen wir besonders schnell. Lassen Sie sich niemals entmutigen, korrigieren Sie einen Fehler wieder und wieder, bis Sie gelernt haben, ihn ganz zu vermeiden. Auch wenn Ihre Mitschüler eine bessere Auffassungsgabe haben, leichter und lockerer lernen als Sie, dürfen Sie deswegen nicht resignieren. Wenn Ihre Antworten Mitschüler zu Lachsalven hinreißen, lachen Sie einfach mit und versuchen Sie danach erneut und unbeirrt, die Aufgabe zu lösen.

Sie besuchen die Abendschule nicht, um anderen zu beweisen, daß Sie schon alles können, sondern um Ihre Wissenslücken zu füllen!

Reservieren Sie sich in Ihrer Freizeit regelmäßig jene Zeit, die Sie brauchen, um die vorangegangene Lektion zu rekapitulieren und die nächste vorzubereiten. Lassen Sie sich beim Lernen nicht stören, weder durch Ihre Familie, Ihre Freunde und Bekannten noch durch den Fernseher oder das Radio, noch durch Müdigkeit und Ihren gefährlichsten Feind: den »inneren Schweinehund«. Nur wenn Sie sich konzentrieren können, sind Sie fähig, neuen Stoff aufzunehmen und gründlich zu verarbeiten. Selbst wenn die Welt dabei untergehen sollte – Ihre Lernzeit ist und bleibt Ihnen von nun an heilig!

Ich weiß, dies ist leichter geschrieben, als eingehalten. Es kann sein, daß Sie sich nicht zurückziehen können, weil es in Ihrer Wohnung ganz einfach den Platz dafür nicht gibt. Dann lernen Sie spätabends, wenn alle anderen im Bett sind oder (viel besser!) frühmorgens, wenn Ihre Familie noch schläft. Am Morgen ist Ihr Geist frisch und viel aufnahmefähiger als am Abend, und das Lernen fällt Ihnen leicht.

In Fächern, die Ihnen besonderen Spaß machen, für die Sie ein besonderes Talent oder gute Vorkenntnisse besitzen, bauen Sie Ihren Wissensstand im Selbststudium aus. Fachbücher und Fachzeitschriften, spezifische Lehrgänge bringen Sie rasch und zielgerichtet weiter. Es lohnt sich, Passagen laut zu lesen und gelegentlich auch handschriftlich niederzulegen oder abzuschreiben. Sie bleiben so besser im Gedächtnis haften. Um Ihre Allgemeinbildung zu fördern, verzichten Sie auf die Lektüre der Boulevardblätter, die lediglich Ihren Sensationshunger stillen. Leisten Sie sich eine, noch besser zwei ernstzunehmende Zeitungen, die verschiedene Aspekte und Meinungen zu einem Thema behandeln.

Nutzen Sie auch gezielt Radio und Fernsehen, um sich mit einem Thema vertraut zu machen, besuchen Sie Vorträge, und lesen Sie unbedingt Fachbücher zum Thema. Leisten Sie sich zusätzlich auch ein gutes Konversationslexikon, den Duden, den Fremdwörterduden und zumindest ein Englischwörterbuch, damit Sie Dinge nachschlagen können, die für Sie (noch) »böhmische Dörfer« sind. Beim Nachschlagen und Recherchieren kann auch das Internet gute Dienste leisten, wenn Sie zielgerichtet vorgehen und der Gefahr widerstehen können, allzu ausgiebig ins Uferlose zu »surfen«.

Machen Sie sich beim Lesen Notizen, gewöhnen Sie sich überhaupt an, sich Notizen zu allen möglichen Dingen zu machen – nutzen Sie die gute alte Kladde oder meinetwegen auch Ihren Computer dafür. Schulen und fördern Sie einfach Ihren Ehrgeiz, mitreden zu können.

Bald werden Sie spüren, daß Ihnen das Lernen desto leichter fällt, je mehr Sie gelernt haben. Das tönt paradox, ist jedoch eine Tatsache. Je mehr wir wissen, desto leichter fällt uns die Verbindung zu einzelnen Wissensbruchstücken; desto eher gelingt es uns, die richtigen Schlüsse in dieser oder jener Angelegenheit zu ziehen und vorgefaßte Meinungen nicht einfach hinzunehmen, sondern kritisch zu hinterfragen. Ich kann Ihnen versprechen, daß es ein wunderbares Gefühl ist, wenn wir zu spüren beginnen, daß unser Kopf uns eine unabhängige, kritische Meinung erlaubt; daß wir nicht mehr gelenkt werden, sondern selbst zu denken begonnen haben!

Lernen ist wie Rudern gegen den Strom. Sobald man aufhört, treibt man zurück.

Benjamin Britten

Exkurs 3

Von der Kunst, Zeit zu haben *oder* *»Wir sollten* wissen, *wofür wir Zeit haben wollen und wofür* nicht!«*

Familie, häusliche Pflichten, Beruf, Arbeitsweg, Freundschaften, Freizeit, Weiterbildung, Sport, Stekkenpferde und Erholung unter einen Hut zu bringen ist eine wahre Kunst, die uns fordert. Familie und Beruf haben erste Priorität. Alles andere planen wir so, daß diese beiden nicht unter unserem Drang zur Weiterbildung zu leiden haben. Am besten, wir erstellen uns einen Zeitplan und lernen zu unterscheiden, wofür wir Zeit haben und woran wir unsere Zeit nicht verschwenden wollen. Ein Beispiel:

Mittwochabend, 19–21 Uhr	Abendschule
Samstag, 8–10 Uhr	Lernen (wir stehen dafür eine Stunde früher auf als üblich)
Dienstag, 5–6.30 Uhr	Lernen (dito)

* Der Satz stammt aus dem lesenswerten Büchlein *Die Kunst, Zeit zu haben* von Emil Oesch, dem Gründer des Oesch Verlags (37. Auflage, 1999).

Von unserer wöchentlichen Lebenszeit von 168 Stunden verwenden wir also fünfeinhalb Stunden auf unsere Weiterbildung. Das sind nur gerade rund 3,3% der gesamten Zeit, die uns pro Woche zur Verfügung steht. Es wäre gelacht, wenn wir uns diese Zeit nicht nehmen könnten. Weiter verzichten wir zweimal pro Woche auf die gewohnte Mittagstafel mit Kolleginnen und Kollegen, bleiben im Büro sitzen, essen ein Sandwich und lernen. Wir haben zwei zusätzliche Stunden für unsere Weiterbildung gewonnen, ohne daß wir uns einschränken müßten. Machen Sie sich das Lernen in diesen Stunden zur guten Gewohnheit, an der Sie eisern festhalten, auch wenn es (nur zu Beginn!) schwerfällt.

Am Samstag lassen wir »Ran« ausfallen und verzichten am Dienstag auf den Fernsehkrimi. Voilà, schon haben wir wieder drei, vier Stunden gewonnen, die wir nach kurzer »Entziehungskur« problemlos verschmerzen können. Damit haben wir rund zehn Stunden pro Woche für unsere Zukunft gewonnen, die uns mit Befriedigung und berechtigtem Stolz erfüllen. Vielleicht ist es uns möglich, zusätzlich etwas für unsere Allgemeinbildung zu tun: analysieren wir also unseren Arbeitsweg. Läßt er sich tatsächlich nur im geliebten eigenen Auto zurücklegen, oder schaffe ich ihn auch mit dem öffentlichen Nahverkehr? Seien Sie dabei ehrlich mit sich selbst. Im Vorortszug und in der Straßenbahn läßt sich zumindest lesen, vielleicht auch lernen. Sie kommen entspannter im Büro und zu Hause an und sparen in der Regel noch Geld dabei, wenn Sie rechnen, ohne dabei zu schummeln. Läßt sich das Auto nicht wegdenken, dann verzichten Sie wenigstens auf die gewohnte Berieselung durch Musik und Newshäppchen. Hören Sie statt dessen eine Kassette Ihres Englischkurses, das lenkt Sie keineswegs mehr vom Fahren ab.

Hier nun überlasse ich Sie Ihrem Schicksal, nein, Ihrer Phantasie und Ihrer Kreativität.

Denn Sie und nur Sie allein müssen wissen, wofür Sie Zeit haben wollen und wofür nicht!

Erste Standortbestimmung

Datum der Standortbestimmung: ____________________

Besuchte Schulen: ____________________

Berufliche Ausbildung / Studium: ____________________

Berufliche Weiterbildung / Schulungen / Kurse: ____________________

Meine Fähigkeiten: Bewerten Sie Ihre Fähigkeiten so ehrlich und selbstkritisch wie möglich mit »Noten« von 1 (sehr gut) bis 6 (völlig ungenügend): Note

Deutsch mündlich:

Deutsch schriftlich:

Englisch mündlich:

Englisch schriftlich:

Weitere Fremdsprachen:

Allgemeinbildung:

Fachspezifische Ausbildung:

EDV-Kenntnisse:

Meine Schwächen / Wissenslücken / Defizite:

Was unternehme ich dagegen:

Wann?

Die beiden letzten Punkte bitte unbedingt halbjährlich überprüfen!

IV.

Selbstbefreiung, der wichtigste erste große Schritt – unser erstes Nahziel

Die Freiheit ist kein Privileg,
das verliehen wird,
sondern eine Gewohnheit,
die erworben werden muß.
LLOYD GEORGE

Der Mensch ist von Natur aus frei und jedem andern seiner Gattung gleich. Aber im gesellschaftlichen Zustande ist er es nicht. Der Grund, das Prinzip, der Zweck der Gesellschaft besteht in nichts anderem als im gemeinen Wohl derer, die sie bilden, die sich in einer mehr oder minder umfassenden Körperschaft vereinen. Ohne diesen Zweck entbehrt die Gesellschaft ihres Grundes.

GIACOMO LEOPARDI

Nehmen wir einmal an, Sie wissen heute, daß Sie in nächster Zukunft einen alles entscheidenden Kampf auszufechten haben werden. Es steht schlecht um Ihre Firma, und nun geht es auch um Ihre Existenz und um Ihren Job, Ihre Zukunft und Ihr Glück, denn Sie wissen oder ahnen, daß die Abteilung, in der Sie arbeiten, in einigen Monaten, in einem oder in zwei Jahren wegrationalisiert wird.

Erstaunlicherweise pflegen nun viele Menschen den Kopf in den Sand zu stecken. Sie verdrängen den Gedanken an das scheinbar Unabänderliche einfach und lassen die Zukunft auf sich zukommen. Mit anderen Worten: Sie lassen sich wie das Lamm zur Schlachtbank führen. Sie verdrängen das kommende Unheil und leben weiter, als sei nichts geschehen. Sie unternehmen selbst nichts, um das Schicksal zu beeinflussen, und hoffen statt dessen auf eine glückliche Wende. Irgendwie, irgendwann. Manchmal aber kriecht in der Nacht die Angst in ihnen hoch und raubt ihren Schlaf …

Andere Menschen beginnen nach der Schrecksekunde ihre Ressourcen zu mobilisieren. Sie sammeln all ihre Kräfte und kämpfen. Auch sie sind nicht frei von Angst. Solange aber noch ein Funken Hoffnung besteht, versuchen sie mitzuhelfen, ihre Abteilung oder die Firma zu retten, soweit es in ihrer Macht steht. Darüber hinaus bereiten sie sich auf den Tag X vor, auf jenen Tag, der ihr Leben verändern wird, und versuchen, das Beste daraus zu machen. Sie bilden sich weiter, schauen sich auf dem Arbeitsmarkt um, führen Gespräche mit Gott und der Welt, bewerben sich und stellen sich vor, überlegen und prüfen und diskutieren mit der Familie, mit Freunden und Bekannten jede nur denkbare Alternative – vom Ortswechsel bis hin zur Gründung einer eigenen Firma. Sie setzen alles daran, ihre Leistungsfähigkeit noch zu steigern und damit ihre Gewinnchancen zu verbessern. Angesichts der Wirtschaftslage und des Arbeitsmarkts kann es sein, daß sie mit all diesen Maßnahmen und ihren Aktivitäten keinen Erfolg haben werden. Aber ihre Chancen sind ungleich größer als bei jenen, die sich treiben lassen. Und sollte es zum Schlimmsten kommt, sind sie selbst darauf vorbereitet.

Jeder Mensch, der sein Leben erfolgreich gestalten will, steht irgendwann vor einem Existenzkampf. Eigentlich müßte es sich von selbst verstehen, daß alle Menschen alles daransetzen, um diesen Existenzkampf zu bestehen. Die eigene Leistungskraft, unser Wissen und unsere Fähigkeiten, der eigene Ehrgeiz, unser Mut, unsere Energie und unser Beziehungsnetz sind die Mittel, die wir in die Waagschale werfen können. Und diese wiegen schwer, wenn wir sie nicht sträflich vernachlässigt haben.

Ein Marathonläufer kann ein Rennen nicht gewinnen, wenn er zehn Kilogramm Übergewicht mit sich herumschleppt, auch wenn er noch so ehrgeizig und eifrig ist. Entweder wird er vorzeitig aussteigen oder das Rennen unter »ferner liefen« beenden. Genauso wird ein talentierter und technisch brillanter Fußballer auf Dauer meist die Ersatzbank drücken, wenn er trainingsfaul ist, sich die Nächte um die Ohren schlägt, das Konditionstraining vernachlässigt und sich nicht an die taktische Marschroute des Trainers hält. Mit etwas Glück hält der Langstreckenläufer einige Kilometer mit, der Fußballer einige Spiele durch. Vielleicht. Aber dann schlägt unweigerlich die Stunde der Wahrheit.

Diese Beispiele aus dem Sport lassen sich sinngemäß auf unser Leben übertragen. Wir leiden darunter, daß wir zwar den Erfolg wünschen und ihn herbeisehnen, aber längst nicht alles tun wollen, was dazu nötig ist und was in unserer Macht steht. Und wir sind allzuoft nicht dazu bereit, alles über Bord zu werfen, was uns am Erfolg hindert. Aus Faulheit, aus Bequemlichkeit, aus falscher Rücksichtnahme, aus Schüchternheit, aus Blindheit, aus mangelndem Interesse, aus Gedankenlosigkeit und Egoismus. Eine Entschuldigung wird sich immer finden.

Erfolg auf Dauer werden nur jene Menschen haben, die bereit sind, alles dafür einzusetzen und allen Ballast abzuwerfen, der einen Erfolg verhindern könnte und der unsere Kräfte lähmt.

Ein harter Satz, der mißverstanden werden könnte. Diese Forderung bedeutet nicht, daß wir keine Familie, keine Freunde und Bekannten haben dürfen, um Erfolg zu haben. Daß wir uns keine Ferien, keine Vergnügungen mehr gönnen mögen; daß wir nicht mehr lachen, spielen und nie mehr dem süßen Nichtstun frönen dürfen. Deshalb will ich ausdrücklich festhalten, daß es beim Erfolgsstreben nicht darum geht, uns außerhalb des sozialen Netzes oder gar des Gesetzes zu stellen. Familie, Freunde, Bekannte – Gemeinschaft und soziale Geborgenheit – sind das Allerwichtigste, was ein Mensch besitzen kann, und die besten Voraussetzungen überhaupt, um Erfolg zu haben. Wer sein soziales Beziehungsnetz um des Erfolges willen kappt, wird vielleicht kurzfristig (wenn überhaupt!) Erfolge verzeichnen können, aber mittel- und langfristig bestimmt scheitern. Vor sich selbst und vor der Welt.

Aber wir müssen uns auf der anderen Seite auch mit aller Konsequenz aus einer Umgebung lösen, die uns lähmt und uns Fesseln anlegt, unsere Fähigkeiten und Talente unterdrückt und uns entmutigt: Selbst ein Riese ist schwach, wenn er sich nicht bewegen und keinen Hebel findet, auf den er seine Kraft übertragen kann. Wenn wir uns nicht entfalten können, wird unser Elan früher oder später erlahmen.

Was ich damit meine, will ich an Beispielen verdeutlichen:

Die erste Voraussetzung für den Erfolg ist, daß wir alles Negative abstreifen, was uns möglicherweise behindern kann. Nichts gegen einen fröhlichen Kegelabend. Wenn uns aber die Kegelbrüderschaft, die Vereinsmeierei wichtiger werden als unser Beruf, werden wir darin keinen Erfolg haben können. Vielleicht werfen wir am Abend Kranz um Kranz und sind ein strahlender und applaudierter Sieger. Tagsüber aber ducken wir uns und haben nichts zu sagen, keine Entscheidungen zu treffen. Viele Menschen sind nicht instande, das Wesentliche vom Unwesentlichen zu unterscheiden, sich von einer Umgebung zu lösen, die ihre Kräfte lähmt oder in falsche Bahnen lenkt, obwohl sie die Fähigkeiten durchaus besäßen, sich über die Mittelmäßigkeit zu erheben.

Sie lenken ihre Kräfte auf das falsche Objekt.

Andrew, ein junger Mann mit großem künstlerischem Talent, ließ sich von Bürojob zu Bürojob treiben. Er unternahm keinen ernsthaften Versuch, seine Anlagen zu pflegen oder die keineswegs unüberwindlichen Hindernisse beiseite zu schieben, die ihm eine Künstlerlaufbahn versperrten. Im Gespräch, in heißen abendlichen Dikussionen schwärmte Andrew von seinen Möglichkeiten und Sehnsüchten und war gern bereit, Proben seines Talents vorzuzeigen. Dabei aber blieb es. Seinen Beruf übte er gewissenhaft, aber ohne jeden Schwung und ohne Begeisterung aus, denn sein Herz war nicht dabei. »Ich warte auf eine günstige Gelegenheit«, sagte er dann und wann. Aber er betrog sich selbst. Sein Wille und sein Ehrgeiz waren zu gering, um seine Sehnsüchte zu befriedigen und konsequent auf ein Ziel hinzuarbeiten. Heute hat Andrew resigniert, tut nach wie vor im Büro seine Pflicht, spricht jedoch kaum mehr von seinen früheren Träumen. Wenn ich ihn gelegentlich sehe, fühle ich stets jenes leise Unbehagen, das uns beschleicht, wenn wir einen unglücklichen Menschen treffen.

Schlimmer noch ein zweiter Fall, den ich in meiner Nachbarschaft erlebte:

Barbara besaß eine hervorragende Stimme und eine natür-

liche musikalische Begabung. Einer ihrer Lehrer erkannte das Talent und setzte gegen den erbitterten Widerstand ihrer kleinbürgerlichen Eltern durch, daß sie mit elf Jahren bei einer Musiklehrerin Gesangsunterricht nehmen konnte. Der Lehrer zog bald darauf in eine andere Stadt, und der Vater verbot Barbara umgehend die Gesangsstunden. Seine Argumente waren einfach: »Ich kann es mir nicht leisten, und du verbaust dir deine Zukunft, indem du Luftschlössern nachhängst.« Barbara kämpfte ohne Erfolg gegen das Verdikt, denn ihre Mutter unterstützte sie nur halbherzig. Schließlich resignierte das Mädchen und fügte sich in ihr Schicksal. Sie heiratete früh, wurde Mutter und Hausfrau und erfüllt ihre sogenannten Pflichten. Aber sie ist noch heute verbittert und kann ihre Niederlage nicht verwinden. Dauernd macht sie sich Vorwürfe, daß sie nicht genug und zu wenig hart um ihre Chance gekämpft hat – und wahrscheinlich hat sie damit recht.

Ein ernsthaftes Hindernis auf dem Weg zur Selbstbefreiung ist die Zaghaftigkeit und Unentschlossenheit. Tausende von jungen Menschen lassen sich durch diesen Mangel an Selbstvertrauen davon abhalten, das aus sich zu machen, wozu sie eigentlich fähig sind. Sie fürchten sich vor dem Widerstand in ihrer nächsten Umgebung, sie wollen nicht als anspruchsvoll und selbstsüchtig erscheinen. Eigentlich aber ist diese Unentschlossenheit ein Zeichen mangelnden Mutes, ein Risiko einzugehen. Oder sie spüren, daß ihnen Wissen und Fähigkeiten abgehen, um eine bestimmte Aufgabe zu erfüllen, und sind nicht bereit oder haben nicht die Willenskraft, Opfer zu bringen, um die Lücken zu schließen. So hoffen sie auf Wunder oder daß eine geheimnisvolle Macht sie mit einem Zauberstab berühren werde, sie befreien und ihnen Zuversicht und Selbstvertrauen eingeben werde. Später im Leben fühlen wir uns gern als »zu alt«, um noch Risiken einzugehen. Wir haben uns eingewöhnt in einen bequemen Rhythmus, den wir früher als »Alltagstrott« noch verflucht haben. Saturiert und bequem geworden, lehnen wir uns zurück, und unsere kühnsten Träume führen uns lediglich noch zum Kühlschrank, aus dem wir gleich ein erfrischendes Pils holen werden, wenn der Fernsehfilm durch den nächsten Werbeblock unterbrochen wird …

»Hilf dir selbst, so hilft dir Gott«, sagt das Sprichwort. Und ich stelle ein bißchen erstaunt und erfreut fest, daß die jüngste Gegenwart uns aus dem bequemen Trott der angeblich so sicheren Wohlstandsgesellschaft aufgeschreckt hat. Ob der Not gehorchend oder dem eigenen Trieb – in den letzten Jahren wird Eigeninitiative wieder zum Thema. Viele junge und ältere Menschen warten nicht mehr die Rente ab, um ihre Träume zu verwirklichen; schauen nicht mehr einfach gelähmt zu, wie die rasende Entwicklung der Wirtschaft auch ihren Arbeitsplatz vernichtet. Sie finden den Mut zum Stellenwechsel, zum Sprung ins kalte Wasser der Selbständigkeit, zur Weiterbildung und zum Berufswechsel. Manche von ihnen scheitern. Einige schaffen es auf Anhieb, andere erst im zweiten, dritten oder gar vierten Anlauf. Aber alle kämpfen mutig, zäh und unbeirrt um den Platz im Leben, den sie in ihrem Innersten immer besetzen wollten. Und dieser Mut ist bewundernswert.

Mut zu zeigen, über die Schatten der Bequemlichkeit und Trägheit zu springen, beinhaltet stets ein gewisses Risiko. Wir können gewinnen, wir können aber auch verlieren. Dessen müssen wir uns bewußt sein.

Und wir müssen das Risiko auch unseren Liebsten, unserer Familie und unseren Freunden bewußtmachen. Nur dann können wir auf ihre uneingeschränkte Unterstützung zählen, wenn wir Durststrecken zu überwinden haben, uns sorgen oder uns gar die Hoffnungslosigkeit zu beschleichen droht. Und wir müssen in aller Offenheit unsere Pläne vor ihnen ausbreiten und gemeinsam auf Schwachstellen und unkalkulierte Risiken abklopfen. Oft tragen wir selbst Scheuklappen, ohne es zu merken. Einwände und Fragen helfen uns, der Gefahr, »betriebsblind« zu werden, zu entgehen. Wir sollten sie also unbedingt ernst nehmen und in unsere Vorstellungswelt mit einbeziehen.

Wenn Sie Ihre Hausaufgaben gut gemacht haben, Ihr Wissen und Ihre Fähigkeiten auf »Vorderfrau oder -mann« gebracht, die Risiken sorgsam geprüft haben, dann glaube ich, daß Sie gute Chancen haben, Ihre Pläne zu verwirklichen, Ihren Traum zu realisieren.

Nichts jedoch kann Sie dafür entschädigen, wenn Sie das Beste in Ihnen erstickt haben. Machen Sie sich um jeden Preis frei von geistigen Fesseln, und schöpfen Sie Mut. Es wird Sie vielleicht, nein wahrscheinlich!, einen hohen Preis kosten; Sie werden sich durch die Niederungen von Leiden und Kämpfen durchzuringen haben. Aber wie der Diamant nicht in Glanz und Schönheit erstrahlen kann, wenn er nicht geschliffen wird, genausowenig werden wir ohne Anstrengung und oftmals bittere Erfahrungen den Preis gewinnen, den das Leben für uns ausgesetzt hat.

Durch die Anstrengungen, die wir machen müssen, um uns frei zu machen von den Fesseln der Vorurteile, der geistigen Beschränktheit und Dummheit, der gesellschaftlichen Zwänge, öffnen sich uns Quellen körperlicher und geistiger Kraft, die, stets unbenützt, vielleicht unentdeckt geblieben wären ohne die Gefahren, die uns auf unserem Weg begleiten. Ungestillte Sehnsucht und unterdrückter Ehrgeiz zerstören nach und nach unsere Kraft, machen uns hoffnungslos und rauben uns unsere Ideale. »Kein Mensch kann ein halbes Leben führen, wenn er wirklich fühlt, daß es nur ein halbes Leben ist«, sagte ein weiser Mann. Wenn wir einmal eine Ahnung von einem Leben bekommen haben, das intensiver und besser ist als das, was wir bisher gelebt haben, so bleibt uns nur eine Wahl: Entweder wir zerreißen die Fesseln, die uns halten, und kämpfen um die Verwirklichung dessen, was wir ahnen und uns wünschen, oder wir werden scheitern. Wir brauchen die Freiheit des Denkens und die Freiheit des Handelns, wenn wir unsere Ziele erreichen wollen.

Bleiben Sie bei allem Ehrgeiz stets sich selbst treu, und bewahren Sie sich Ihre Freiheit. »Das Köstlichste, was es gibt, ist ein eigen Herz, und unter Tausenden haben es kaum zwei«, sagt Goethe – und er hat recht damit. Behalten Sie Ihre geistige Unabhängigkeit, indem Sie Ihren Geist und Ihr Gehirn schulen. Vermeiden Sie Eigensinn, Rachsucht, Eifersucht, Neid, Verbitterung und vorschnelle Entscheidungen in Ihrem Leben, sie werden Sie nur hemmen und Ihre Gedanken fesseln. Bewahren Sie statt dessen einen kühlen Kopf und eine gesunde Urteilskraft in allen Geschäften und Lebenslagen, und überdenken Sie die Situation, bevor Sie handeln. Suchen Sie Ihre Urteilsfähigkeit auszubilden und zu schulen, und üben Sie Vorsicht, bis Sie sich auf sich selbst absolut verlassen können. Ein profundes und durchdachtes Urteil ist der beste Freund, ein gesunder Menschenverstand der wichtigste Teilhaber im Geschäft des Lebens. Wenn Sie sich auf Ihr Urteil, auf Vorsicht und gesunden Menschenverstand verlassen können, dann ist mir um Sie nicht bange, welche Klippen das Leben auch immer für Sie bereithalten mag.

Exkurs 4

Vom Nutzen der Selbstdisziplin
oder
Von der Härte gegen sich selbst

Kompromißfähigkeit und Toleranz sind Eigenschaften, die zwischenmenschliche Beziehungen erst ermöglichen. Demokratie steht stets auf einem Fundament aus Toleranz und Kompromiß. Oft wirkt dieses Fundament störend auf Handlungsabläufe, denn es kann zu Verzögerungen, zu endlosen Diskussionen und manchmal auch zu »faulen« Kompromissen führen, über die wir uns ärgern. Trotzdem sind die Eigenschaften Toleranz und Kompromißfähigkeit unerläßlich für die Demokratie, deren häßliche Alternative einzig die Diktatur ist – was sie anrichten kann, wissen wir alle zur Genüge.

Trotzdem rate ich, daß wir uns selbst gegenüber so kompromißlos wie nur möglich sind und die Toleranzgrenze unseren Schwächen und Fehlern gegenüber so tief wie möglich ansetzen. Statt dessen wollen wir die Eigenschaften Selbstdisziplin *und* Härte *(gegen uns selbst!) pflegen.*

Der Mensch ist ein »Gewohnheitstier«, sagt der Volksmund. Zu Recht, denn nichts ist unbequemer als die Veränderung; nichts stört unsere Ruhe mehr als Härte gegen uns selbst. Und stets wird der »innere Schweinehund« im Kampf liegen mit der Selbstdisziplin. Auch Sie und ich werden diesem Dauerkampf nicht ausweichen können, wir müssen uns ihm stellen, sonst siegt die Angst vor dem eigenen Mut, und der Mangel an Selbstbewußtsein wird Triumphe feiern.

Was aber ist *Selbstdisziplin?* Es ist jene Eigenschaft, die uns hilft, unsere Schwächen in Stärken zu verwandeln. Wenn sie uns fehlt, werden wir auf Dauer keinen Erfolg haben können, denn die Selbstdisziplin und unser Ehrgeiz sind die Triebfedern, um weiterzukommen. Selbstdisziplin hilft uns, die Aufgaben zu erfüllen, die wir uns vorgenommen haben, sie erleichtert die Planung. Konsequent angewandt, wird sie uns stets vor (vorschnellen) Fehlentscheidungen bewahren. Natürlich werden wir nicht um Kompromisse herumkommen. Unserer Familie, unserer Firma, den Arbeitskolleginnen und -kollegen und dem Frieden zuliebe werden wir auch Toleranz üben.

Selbstdisziplin läßt sich lernen. Verändern wir künftig unseren Tagesablauf nur nach gründlicher Überlegung; fällen wir künftig Entscheidungen nicht mehr nach dem Bequemlichkeitsprinzip, sondern nach jenen strengen Maßstäben, die wir uns vorgegeben haben.

Überlegen wir von nun an jede unserer Handlungen, analysieren wir unsere liebgewonnenen Gewohnheiten, überprüfen wir den täglichen Trott.

Setzen wir die Toleranzgrenze bei der Überprüfung bewußt niedrig an, und erarbeiten wir uns neue Ziele, Schritt für Schritt, mit denen wir für diesen Bereich und für jenen Zustand die Veränderung suchen. Schnell werden wir erleben, daß sich unser Leben nachhaltig verändert, daß wir an Selbstvertrauen und Sicherheit gewinnen und freier atmen können, weil wir uns nun nicht mehr selbst im Wege stehen, wenn wir unser ersehntes Hauptziel anstreben.

V.

Träumer und Visionäre verändern die Welt

Träume kommen von Gott.

Schiller

Die Träume sind für Psychologen höchst wichtig – auch für den Historiker der Menschheit. Die Träume haben sehr viel zur Kultur und Bildung der Menschheit beigetragen – daher mit Recht das ehemalige große Ansehen der Träume.

Novalis

Nach dem vorangegangenen Kapitel werden Sie vielleicht denken, daß Phantasie und Träume keinen Platz mehr in unserem Leben finden. Das Gegenteil ist richtig. Selbstdisziplin ist eine glänzende Eigenschaft, die uns unser Leben meistern hilft. Genauso wichtig aber ist, daß wir zu geistigen Höhenflügen ansetzen können, unsere Kreativität, unsere Phantasie fördern, um weltoffen zu bleiben:

Nur wer von großen Taten träumt, wird sie – vielleicht – dereinst auch realisieren.

Als Ralph Waldo Emerson an einer Tagung von Geschäftsleuten lange Zeit der Unterhaltung über Aktienmärkte, Käuferwünsche und Managemententscheidungen zugehört hatte, sagte er: »Nun, meine Damen und Herren, wollen wir auch einmal eine Weile von realen Dingen reden.«

Gern wurde der Philosoph Emerson ein »Träumer« genannt, genauso wie der geniale Erfinder Edison, denn die beiden sahen Entwicklungen voraus, von denen damals niemand sprach, die niemand ahnte. Pioniere, Erfinder, Forscher, Tüftler, Dichter und Philosophen sind oft Propheten, die ihrer Zeit um Lichtjahre voraus sind. Seit eh und je neigen die im praktischen Leben Stehenden dazu, diese Propheten als verschrobene Träumer, Spinner, Scharlatane oder gar Irrsinnige abzutun, und dies einfach, weil ihre eigene Vorstellungskraft nicht über die Gegenwart hinausreicht und sie im gewohnten Trott weder nach links noch nach rechts schauen.

Angeblich weltfremde Träumer sind oft die wahren Realisten. Sie ahnen die Veränderungen, die unmittelbar oder in fernerer Zukunft auf die Welt zukommen, lange bevor sie Wirklichkeit werden:

Jules Verne (1828–1905), der große französische Unterhaltungsschriftsteller, gilt als Vater der Science-fiction. In seinen Romanen malte er ein erstaunlich detailgetreues visionäres Bild des 20. Jahrhunderts. Bekannt und geliebt sind besonders seine Bücher »In 80 Tagen um die Welt«, »Von der Erde zum Mond« – eine Vision der Raumfahrt – oder »20 000 Meilen unter dem Meer«. Sein erstaunlichstes Buch aber ist vielleicht der erst 1994 posthum veröffentlichte Roman »Paris im 20. Jahrhundert«. Verne schrieb das Werk 1863 und übersandte das Manuskript seinem Verleger Hetzel. Dieser wollte es nicht veröffentlichen, weil er befürchtete, damit ein schlechtes Geschäft zu machen, da er das Buch den Lesern nicht zumuten wollte. Zu phantastisch erschien Hetzel die haarsträubende, kulturkritische und düstere Geschichte, in der die vollautomatische und geräuschlose Stadtbahn, gasbetriebene »Autos« verkehrten, wo Menschen mit der »photographischen Telegraphie« (entspricht dem heutigen Fax) kommunizierten und elektronischer Musik lauschten, Fleischkonserven verzehrten und frisches Obst und Gemüse aus tropischen Gegenden aßen. Alles Dinge, die uns heute selbstverständlich sind. Vor 130 Jahren aber galt der Verfasser als hoffnungsloser Fall: Alles in allem »wird heutzutage niemand an Ihre Prophezeiung glauben«, schrieb Hetzel an seinen Autor Verne. So schlummerte das Manuskript von »Paris im 20. Jahrhundert« vergessen in einem Tresor vor sich hin, bis es Anfang der neunziger Jahre des letzten Jahrhunderts wiederentdeckt wurde. Und siehe da, unsere Gegenwart ist genauso phantastisch, wie Verne sie sich in seinen kühnsten Träumen ausgemalt hatte.

Aber auch unter Wissenschaftlern ist die Skepsis gegen Neuerungen verbreitet; viele sind mit Blindheit geschlagen. Am 12. Dezember 1901, um 12.30 Uhr, bewies Guglielmo Marconi, daß die drahtlose Telegraphie funktionierte – er empfing in St. John's in Neufundland (Kanada) ein Morsesignal aus dem englischen Poldhu (Cornwall). Seine Gegner hatten felsenfest behauptet, daß Radiowellen höchstens bis zu einer Entfernung von 300 Kilometern gehört werden könnten. Danach könnten die Radiowellen der Erdkrümmung nicht mehr folgen und würden sich im All verlieren. Theoretisch war dies richtig. Praktisch bewies Marconi das Gegenteil, ohne damals genau zu wissen, wie die »theoretische Unmöglichkeit« funktionierte:

Durch die Einwirkung der Sonnenstrahlung ist die Erde von einer Ionenschicht umgeben. Diese Ionen reflektieren die Radiowellen wieder auf die Erde zurück – das Ganze funktioniert ähnlich wie ein Billardspiel, die Bande (die Ionenschicht) lenkt die Kugel (die Radiowellen) so ab, daß der geübte Spieler den gewünschten Effekt erhält. Noch schlimmer der Irrtum von Heinrich Hertz, der die Radiowellen entdeckt hatte – er leugnete sein ganzes Leben konsequent und hartnäckig die Möglichkeit von Übertragungen via Radio. Im allgemeinen aber sind es nicht die Wissenschaftler, die neue Entdeckungen unterdrücken, sondern der Unglaube und die Borniertheit der Gesellschaft. Als Galileo Galilei zu Beginn des 17. Jahrhunderts bewies, daß die Erde um die Sonne kreist, wurde er nicht nur verlacht, sondern als Ketzer von der Kirche verfolgt und unter Hausarrest gestellt. Seine Bücher standen teilweise noch 300 Jahre später auf dem Index.

Träumer, »Spinner«, Forscher und Tüftler wie Kolumbus, Magellan, Kepler, Newton, Einstein, Watt oder Madame Curie entdeckten neue Kontinente, erforschten das Weltall, revolutionierten die Physik, erforschten die Radioaktivität – zum Teil unter Einsatz ihres Lebens. So starb Marie Curie an einer von der radioaktiven Strahlung verursachten Leukämie.

Ihnen allen, wie auch den großen Künstlern, Schriftstellern, Philosophen und Kaufleuten, war eigen, daß sie eine so starke Vision von der Zukunft hatten, die es ihnen erlaubte, jeden Widerstand gegen ihre Ideen zu brechen und zu überwinden. Viele von ihnen fanden zu Lebzeiten keine Anerkennung. Trotzdem glaubten sie unerschütterlich weiter an ihre Ideen.

Wenn wir uns alle Träumer, Narren und Phantasten aus der Weltgeschichte wegdenken, würden wir wohl noch immer in Felshöhlen hocken und uns kümmerlich von Nüssen, Samen, Knollen und gelegentlich einem Stück Aas ernähren, das wir vor der Hyäne entdeckt haben. Unsere Träumer sind die Vorhut der Menschheit, die Arbeiter, die mit gebeugtem Rücken und im Schweiß ihres Angesichts die Wege bahnen, auf denen dann die Menschheit von Generation zu Generation vorwärtszieht.

Das meiste von dem, was das Leben lebenswert macht und die Menschheit über die Stumpfheit hinausgehoben hat, alle großen Annehmlichkeiten des Lebens verdanken wir den Träumern und Visionären. Zumeist sind sie unschuldig daran, daß einige ihrer Erkenntnisse und Erfindungen sich gegen die Menschheit und die Erde selbst wenden, dann nämlich, wenn skrupellose Nachfahren sie für ihre Zwecke umfunktionieren oder sie in einem Maß anwenden, das Schaden verursacht und manchmal gar die Zukunft unseres Planeten in Frage stellt. Goethe hat diesen unseligen Mechanismus in seiner berühmten Ballade vom Zauberlehrling beschrieben. Der Lehrling wird seines willenlosen Knechtes – einem Besen – nicht mehr Herr, weil er die Zauberformel vergessen hat, die diesen stoppt. Wir werden die Geister, die wir riefen, oft nicht mehr los. Deshalb hier die Mahnung, daß wir unsere Träume nur dann in die Wirklichkeit umsetzen dürfen, wenn wir zum Schluß gelangt sind, daß sie uns selbst und anderen nicht schaden werden, daß sie ethisch unbedenklich sind.

Kehren wir ins praktische Leben zurück. Wie oft hören wir an unserem Arbeitsplatz, in unserer Firma, in unserer privaten Umgebung den Satz: »Das ist unmöglich; nein, das ist nicht durchführbar.« Führen Sie einmal einen Monat lang Buch darüber, und beobachten Sie zusätzlich, wie oft *Sie selbst* denselben dummen Spruch verwenden – in Gedanken oder in Worten. Wer das Wort »unmöglich« oft benutzt, hat keine Träume, keine Visionen, und er wird auch die Träume anderer niemals akzeptieren können. Solche Menschen sind gedanklich versteinert.

Wenn wir aber die Aufbruchstimmung erleben, die eine Idee, ein Traum, eine Phantasie in uns hervorrufen kann, wie diese eine Idee eine Familie, eine Firma, ein Gemeinwesen in jene Begeisterung und in jene Bewegung versetzt, die selbst Berge versetzen kann, dann erkennen wir, daß nur Träume uns weiterbringen.

Beginnen wir, unsere Träume in die Tat umzusetzen. Sofort.

Exkurs 5

*Vom Nutzen der Vorstellungskraft oder »Nur wer handelt, kann gewinnen«**

Die Amerikaner nennen es »Leadership«, jene Fähigkeit, die Frauen und Männer auszeichnet, die Menschen von einer Idee überzeugen und begeistern können. In der deutschen Sprache gibt es keinen Ausdruck dafür, der auch jenen Schwung und Elan umfaßt, der im Wort »Leadership« mitschwingt.

Ein »Leader« wird nur, wer die Vorstellungskraft besitzt, die es braucht, um Träume in die Wirklichkeit umzusetzen.

Ein Beispiel aus dem praktischen Leben, das Ihnen vielleicht reichlich banal vorkommen mag. Ich habe es deshalb ausgewählt, weil der Ausgang des Experiments noch völlig ungewiß und das Risiko, alles zu verlieren, nicht auszuschließen ist. Es soll uns jedoch die Möglichkeiten der Vorstellungskraft vor Augen führen und gleichzeitig illustrieren, daß wir Träume (fast) nie reali-

* Titel eines neuen Buches von Denis Waitley, dessen Lektüre sich lohnt (Conzett/Oesch Verlag).

sieren können, ohne dabei auch ein gewisses Risiko einzugehen.

1998/1999 wirft Gillette, der weltweite Marktleader für Naßrasierer, ein Gerät auf den gesättigten Markt, das die Naßrasur revolutionieren soll. Erstmals sind drei Klingen so angeordnet, daß die absolut perfekte Rasur möglich und jede Hautverletzung verhindert werden kann. Damit kommt Leben in einen stagnierenden und gesättigten Markt. Der Ausgang der Kampagne ist ungewiß. Gillette steckt Milliarden in die Entwicklung, in die Lancierung und in das langfristige Marketing. Das Risiko für Gillette ist immens. Nimmt der Markt die Neuentwicklung nicht auf, beispielsweise weil die Konsumenten mit den bisherigen Naßrasierern vollauf zufrieden sind, ist die milliardenschwere Firma selbst gefährdet. Denn die alten Produkte würden durch die neuen Rasierer beim Konsumenten unglaubwürdig, und nicht nur die horrenden Investionen in das neue Produkt gingen verloren. Vielmehr wäre zusätzlich wohl ein scharfer Umsatzeinbruch die Folge.

Gillette geht es glänzend. Die Firma beherrscht den Weltmarkt, und die Gewinne, die Gillette Jahr für Jahr ausschüttet, sind ebenfalls Spitze. Weswegen um Gottes willen nur geht Gillette ein derart gewaltiges Risiko denn überhaupt ein?

Der Zweiklingenrasierer wurde vor etwa 15 Jahren eingeführt. Er hat inzwischen die Welt erobert. Der Umsatz stagniert heute oder ist gar rückläufig – da die Rasierer aus Leichtmetall »nicht zu töten sind«, hält sich der Ersatzbedarf in engen Grenzen. Marktanteile ließen sich bei den Elektrorasierern nur mit unverhältnismäßigen (Werbe-)Kosten gewinnen. Aber auch hier ist Gillette durch den Kauf der Firma Braun Marktleader. Sich selbst Kunden abzujagen aber macht keinen Sinn. Das Geschäft reduziert sich deshalb auf den Verkauf von Ersatzklingen, billigen Wegwerfgeräten aus Plastik für die Reise und auf den Verkauf des Leichtmetallrasierers an jugendliche »Neueinsteiger«. Für Gillette war daher absehbar, daß sich der Umsatz in nächster Zukunft rückläufig entwickeln könnte. Dazu schläft natürlich die Konkurrenz nicht. Kaum auszudenken, was geschähe, wenn der verbliebene, aber viel kleinere Hauptkonkurrent Wilkinson mit einem neuen revolutionären Gerät auf den Markt treten würde.

Die Manager von Gillette sind also keineswegs verrückt geworden. Sie haben vielmehr vor Jahren schon Ideen entwickelt und Visionen verfolgt, um ihre Firma auch im 21. Jahrhundert an der Weltspitze zu halten. Was aber tut der Hauptkonkurrent Wilkinson? Er forscht ebenfalls seit Jahren an einer ebenso revolutionären Weiterentwicklung. Durch die Verwendung neuer, noch härterer, schärferer und flexiblerer Metallegierungen verbessert er seinen Zweiklingenrasierer derart, daß er hofft, dem übermächtigen Konkurrenten Paroli bieten zu können. Ich bin sehr gespannt auf den Ausgang dieses Kampfes um den Konsumenten und auf die weitere Entwicklung. Werden wir Männer eines Tages mit dem Zehnklingenrasierer unseren Bartstoppeln zu Leibe rücken? Werden wir uns mit einem Lasergerät rasieren, oder schlucken wir gar künftig täglich eine Pille, die den Bartwuchs verhindert?

Zugegeben, es gibt wichtigere Dinge als die Naßrasur. Aber meines Erachtens illustriert dieses Beispiel aus der Gegenwart sehr klar, daß Vorstellungskraft hilft vorauszudenken und damit verhindert, daß wir uns zurücklehnen, Daumen drehen – und unvermittelt überrannt werden. Überrannt von jenen, die sich mehr Gedanken machen und die davon träumen, die Welt zu erobern.

Wer nie seinen Tagträumen nachhängt, hat die Welt nicht begriffen. Wer seine Vorstellungskraft schult, hat bessere Chancen im Leben, und wer darangeht, Träume und Visionen mit kalkuliertem Risiko (siehe auch Exkurs 6, Seite 113) in die Tat umzusetzen, wird ein weit spannenderes Leben führen als der Selbstzufriedene und der Satte.

VI.

Arbeit ist das halbe Leben

Wer euch sagt, daß ihr anders
reich werden könnt als
durch Arbeit und Sparsamkeit,
der betrügt euch,
der ist ein Schelm.
BENJAMIN FRANKLIN

Aber ohne Arbeit gibt es kein Glück. Die Leidenschaften selber zwingen zu Arbeiten und zu recht harten Arbeiten, die alle Tatkraft der Seele erfordern.

STENDHAL

Die Stimmung, mit der ein Mensch seine Arbeit tut, ist der beste Gradmesser für seinen eigenen Wert. Es gibt Menschen, die ihre Arbeit lieben. Ihre Begeisterung überträgt sich auf Kunden, Mitarbeiter, Vorgesetzte, ihre Familie und ihren Bekanntenkreis. Wir spüren im Gespräch, daß diese Menschen stolz sind auf ihre Arbeit, ihr Produkt, ihre Firma. Sie haben in ihrer Arbeit Erfüllung gefunden, achten sie und wachsen an ihr. Sie strahlen auf uns ein unglaubliches Selbstvertrauen aus.

Wie vielen solchen Menschen begegnen Sie täglich? Wie steht es um Sie selbst? Schön für Sie, wenn Sie Ihre Arbeit lieben, morgens fröhlich aufstehen und sich freuen auf den bevorstehenden Arbeitstag!

Die Wirklichkeit ist oft ganz anders. Hin und wieder bekomme ich den Eindruck, daß nur noch ganz wenige Menschen ihre Arbeit lieben. Die meisten stöhnen über den unerträglichen Druck, die stumpfe Routine, die mangelnden Aufstiegschancen, die ewige Verunsicherung, das geringe Gehalt, die unglaubliche Hektik, den steten Zwang zur Veränderung und »Innovation«.

Im letzten Jahrzehnt haben wir wieder erfahren müssen, daß das Angebot die Nachfrage bestimmt. Das gilt für alle Märkte, auch für den Arbeitsmarkt der westlichen Welt. Solange dieser Markt »ausgetrocknet« war, fühlten sich Menschen sicher und kannten ihren Wert. Plötzlich schwingt das Pendel rückwärts. Die letzten Jahre sind geprägt von einer grundlegenden Umwälzung der Weltwirtschaft. Sie geht in einem derart rasanten Tempo vor sich, wie es die Menschheit noch nie kennengelernt hat. Heute produziert unsere Firma bereits in Billiglohnländern. Morgen wird meine Arbeitskraft durch einen Computer oder einen Roboter ersetzt. Übermorgen will der Kunde unser bestes Produkt um keinen Preis mehr haben. Ganze Industrien verschwinden über Nacht. Firmen fusionieren und entlassen Tausende, um den Gewinn der »Shareholder« zu steigern.

Was also sollte mich noch dazu bewegen, meine Arbeit, meine Firma, die keinerlei Rücksicht mehr auf mich nimmt, zu lieben?

Darauf Antworten zu geben fällt nicht leicht, ohne in Allgemeinplätze zu verfallen. Allerdings bin ich mir sicher, daß die letzten Jahre des Jahrtausends nicht das »Ende der Fahnenstange« bedeuten, und genauso sicher bin ich, daß das Pendel wieder zurückschwingen wird. Nur: Wir sind alle keine Hellseher. Auf ein Datum zu hoffen wäre also fahrlässig. Auch dürfen wir uns kein

X für ein U vormachen – so wie es war, wird es wohl nie mehr sein.

Aber Zeiten des Umbruchs – und wir befinden uns im Umbruch – bieten auch Chancen. Für Sie, für mich, für uns alle. »Wer sich viel zutraut, wird viel leisten« lautet der Titel dieses Buches. An diese unbescheidene Maxime sollten wir uns halten. Und ergänzend beifügen, daß wir die Mittel bereitstellen müssen und wollen, um diesem Anspruch gerecht werden zu können.

Nach wie vor gibt es (zu) viele Menschen, die wenig Achtung vor ihrer Arbeit haben. Sie sehen sie nur als die mehr oder weniger unangenehme Notwendigkeit an, sich ihren Lebensunterhalt zu verdienen; als unvermeidliche Mühe. Sollten solche Menschen dieses Buch lesen, werden sie es wohl längst schon stöhnend zugeklappt haben – es sei denn, daß es mir gelungen ist, sie aus ihrem Schlummer zu wecken. Wenn Sie, liebe Leserin, lieber Leser, mir jedoch bis hierher gefolgt sind, wird Ihnen wohl eines bewußt sein:

Wir müssen heute, morgen, übermorgen wach sein. Hellwach!

Wer in Selbstmitleid versinkt, wird selbstverständlich auch einmal aufwachen. Dann, wenn es wahrscheinlich zu spät ist.

Noch aber bleibt die große, weiter oben gestellte Frage unbeantwortet. Was können wir tun, daß uns unsere Arbeit Freude und Spaß macht und uns Befriedigung bereitet, selbst dann, wenn wir unter härtestem Druck stehen und dauernd Streß, Veränderungen und Unsicherheit unterworfen sind? Wie können wir uns in diesem Daseinskampf behaupten, ohne den Mut und die Freude an unserer Arbeit zu verlieren?

Die Antwort ist einfach. Weit einfacher, als es ist, sie auch in die Tat umzusetzen.

Nehmen wir also die Herausforderung an, und bieten wir ihr die Stirn:

- Versuchen wir jeden Morgen aufs neue, uns auf die bevorstehenden Aufgaben zu freuen.
- Geben Sie auch unter widrigsten Umständen das Beste!
- Machen Sie aus jeder Aufgabe ein Abenteuer, versuchen Sie jeden Kunden als einzigartiges Individuum anzusehen, dem gerade *Sie und vielleicht nur Sie* helfen können.
- Gehen Sie Schritt für Schritt vor, wenn Sie eine Aufgabe zu erledigen haben. Betrachten Sie jeden vollbrachten Schritt als einen Gewinn in einem Spiel, das Sie weiterbringen wird.
- Betrachten Sie jede neue Aufgabe nicht als eine Last,

sondern als eine Herausforderung, die Ihren Ehrgeiz anstachelt.
- Interessieren Sie sich für die Nöte und Freuden Ihrer Kolleginnen, Ihrer Mitarbeiter. Bleiben Sie kommunikativ, und versuchen Sie Streß und Druck ebenfalls als Herausforderung zu sehen.
- Legen Sie also Ihre ganze Kraft und Ihren Ehrgeiz in die Aufgabe, die Sie zu bewältigen haben, selbst dann, wenn sie keine Herausforderung für Sie darstellt.

In der menschlichen Natur liegt es, daß wir anpassungsfähig sind. Unser Geist kann sich auf die verschiedensten Umstände und Bedingungen einstellen. Auch unter schlechtesten Voraussetzungen sollten wir uns die Freude an der eigenen Leistung nicht nehmen lassen. Auch wenn Sie niemand lobt oder tadelt – Sie selbst wissen, ob Sie eine Aufgabe gut oder eben nur halb oder unzureichend erledigt haben. Sie selbst haben es also zumindest teilweise in der Hand, ob Sie Ihre Arbeit mit Genugtuung und Freude angehen.

Die Stimmung, mit der ein Mensch an seine Arbeit geht, ist von Einfluß auf die Ergebnisse und den Wert dieser Arbeit. Selbst von einer Arbeit, die uns widerstrebt, die wir hassen oder die zu übernehmen wir durch die Umstände genötigt sind, können wir neue Erkenntnisse gewinnen, an ihr unsere Fähigkeiten und unseren Willen schulen. Kurz, wir können an jeder Arbeit wachsen.

Wenn wir diese Erfahrungen gemacht haben, uns selbstbewußt auch ungeliebter Aufgaben angenommen haben und uns ganz sicher sind, daß wir unser Bestes gegeben haben, dann wird es uns eines Tages auch gelingen, zu sagen: »Bis hierher und nicht weiter!« Und uns gegebenenfalls nach einer neuen Aufgabe umsehen, wenn wir finden, daß wir ungerecht behandelt oder unsere Leistung nicht geschätzt wird. Denn wir sind nun für neue Aufgaben gerüstet und ausgebildet.

Die geistige Haltung, mit der wir unsre Arbeit tun, die Stimmung, die uns dabei erfüllt, ist von bestimmendem Einfluß auf unser ganzes Leben. Wenn wir sie nur als vorübergehende Plage sehen, verlieren wir unsere Würde. Wenn wir aber unser hohes Ideal dabei im Auge und im Sinne haben, so ringen wir jeder Tätigkeit einen Gewinn ab. Einen Gewinn für unser Leben.

Exkurs 6

Vom falschen Ehrgeiz
oder
Realitätssinn – eine kostbare Gabe

Lassen Sie mich eine wahre Geschichte erzählen. Die tragische Geschichte eines Mannes, der an sich und seine Ideen geglaubt hatte und – gescheitert ist. Aus Diskretionsgründen habe ich die Geschichte stark verknappt, den Namen natürlich geändert:

In Deutschland stehen die grauen und grünen Müllsammelbehälter aus Kunststoff zu den Leerungszeiten zu Tausenden an den Straßenrändern und gehören, auch wenn sie für Ästheten die schiere Qual bedeuten, genauso zum Ortsbild wie der Kirchturm. Hugo B., ein Werbefachmann, hatte eine auf den ersten Blick bestechende Idee: Der Müllbehälter – ein allgegenwärtiger und unübersehbarer (Dauer-)Werbeträger. Hugo B. setzte all seine Kraft, seine Erfahrung, sein Verkaufstalent und nicht zuletzt alle seine finanziellen Mittel ein, um der Idee zum Durchbruch zu verhelfen. Vergebens. Die Idee wurde für ihn zum finanziellen Desaster und zu einem Albtraum.

Das traurige Schicksal des Mannes hat mich stark beschäftigt, nicht nur weil er guten Willens und voller Begeisterung war. Und sein Fall hat mir einmal mehr vor Augen geführt, wie gefährlich »Betriebsblindheit« ist. Warum hatte er keinen Erfolg? Hugo B. hatte ein kleines, aber entscheidendes Detail übersehen: Keine Firma der Welt wird auf Müllbehältern Werbung machen, wenn ihre Manager bei Sinnen sind. Zu naheliegend ist, daß die Konsumenten das beworbene Produkt mit dem Werbeträger identifizieren: Müll, Schrott.

Wir haben gelernt, daß Phantasie, Visionen und Träume die Welt verändern können. Die Wirkung dieser geistigen Kräfte wird verstärkt, wenn wir sie mit Realitätssinn verbinden. Wir haben gelernt, unsere Fähigkeiten und Kenntnisse zu analysieren. Nun müssen wir darauf achten, sie gezielt und zum richtigen, nein, zum *besten* Zeitpunkt einzusetzen.

Der beste Zeitpunkt, einen großen Schritt nach vorn zu wagen, ist dann, wenn alle wichtigen Voraussetzungen für unseren Plan stimmen. Wir haben Fähigkeiten, Kenntnisse und Erfahrung erworben, die auf unser Ziel zugeschnitten sind. Nun müssen wir unser Umfeld und die Zeitumstände, in denen wir unser Projekt realisieren wollen, einer eingehenden und (selbst-)kritischen Analyse unterziehen. Wir machen unseren eigenen »Masterplan«.

- Sind wir wirklich genügend gerüstet?
- Machen wir uns keine Illusionen, was die Realisierbarkeit angeht?
- Haben wir alles, wirklich alles bedacht? Das Umfeld, den Markt, die Zukunftsperspektiven, unsere eigenen Mittel und Fähigkeiten?
- Haben wir unsere Pläne mit unabhängigen und kritischen Fachleuten und unbefangenen Freunden durchgecheckt, um der Gefahr der »Betriebsblindheit« zu entgehen?
- Sind die finanziellen und persönlichen Ressourcen ausreichend?
- Haben wir auch den »Crash« durchgespielt, ein Szenario entwickelt für den Fall, daß alles, aber wirklich alles schiefläuft?
- Sind wir ehrlich uns selbst gegenüber?
- Sind wir der Risiken bewußt, die wir eingehen wollen?

Menschen neigen gelegentlich dazu, sich selbst zu überschätzen und den Markt zu unterschätzen. Das ist fahrlässig und hat nichts mit Selbstbewußtsein zu tun. »Übermut tut selten gut«, sagt der Volksmund. Waren und sind Sie wirklich selbstkritisch genug? Haben Sie Ihre »Hausaufgaben« gemacht? Alle?

JA? ALLES KLAR?

Worauf warten Sie denn noch?

VII.

Verantwortungsbewußtsein macht stark

Der Preis der
Größe heißt Verantwortung.
WINSTON CHURCHILL

Halte dich jeder naturgemäßen Rede und Tat für würdig, und der nachfolgende Tadel oder das Gerede der Leute soll dich nicht abbringen, sondern wenn es recht ist, getan oder ausgesprochen zu sein, halte dich nicht für unwürdig. Denn jene haben ein eigenes Leitvermögen und folgen ihrem eigenen Trieb. Darauf schaue nicht, sondern geh zum Ziel die gerade Straße, der eigenen und der allgemeinen Natur nachfolgend. Von diesen beiden ist der Weg ein und derselbe.

MARC AUREL

In einem Vulkan ist genug gebundene Energie vorhanden, um ganze Landstriche in einer gewaltigen Eruption zu zerstören. Bis zum Ausbruch aber schlummert der aktive Vulkan scheinbar harmlos vor sich hin, oft Jahrzehnte oder gar Jahrhunderte. Auch auf die Kräfte, die der Mensch besitzt, trifft dieser Vergleich zu. Manchmal bleiben sie ein Leben lang einfach … unsichtbar. Der Mensch braucht sie nicht, scheut sich davor, sie zu nutzen, ist sich ihrer vielfach oft nicht einmal bewußt. Kein Mensch kann seine Leistungsstärke kennen, bevor nicht eine große Aufgabe unsere ganzen Kräfte erfordert. Zwei Beispiele sollen illustrieren, daß große Aufgaben in uns Kräfte frei machen, über die wir dann oft selbst am meisten erstaunt sind:

»Liebe Bronia, ich war dumm, ich bin dumm, ich werde dumm sein, solange ich lebe, oder, um es mit anderen Worten zu sagen: Glück hatte ich nie, habe ich nicht und werde ich nie haben. Ich habe von Paris wie von der Erlösung geträumt, aber seit langem schon habe ich die Hoffnung aufgegeben, je hinzugelangen …«

Aus Marya Sklodowska, der begabten jungen Frau, die diese verzweifelten Worte am 12. März 1890 an ihre Schwester schrieb, sollte einst eine der berühmtesten Forscherinnen der Welt werden, bis heute die einzige Frau, die zwei Nobelpreise erhielt: *Madame Curie (1867–1934).*

Maryas Familie lebte in verzweifelter Armut in Polen – Frankreich war für das geschundene und unterdrückte Polen stets das Land der Verheißung. Marya hatte mit Bronia, ihrer älteren Schwester, vereinbart, daß Marya als Lehrerin in Polen so lange arbeiten würde, bis Bronia in Paris ihr Medizinstudium abgeschlossen hätte. Danach würde Bronia arbeiten, bis wiederum Marya das Studium der Physik und Mathematik an der Sorbonne abgeschlossen hätte.

1890 aber glaubte Marya nicht mehr, daß es Bronia gelingen würde, die Vereinbarung einzuhalten, und war nahe daran, zu resignieren. Aber Bronia schaffte es schließlich doch und ermöglichte Marya 1891 die Reise nach Paris und das Studium an der Sorbonne – sie war die erste weibliche Studentin an der bedeutendsten Universität Frankreichs. Aber auch in Paris türmten sich Schwierigkeiten auf, die wohl die meisten Menschen zur Aufgabe gezwungen hätten: Marya sprach schlecht französisch und konnte zuerst den Vorlesungen kaum folgen; ihre Vorkenntnisse im Studiengebiet waren zudem völlig unzureichend. Statt zu resignieren, arbeitete Marya härter, wesentlich härter als ihre Mitstudenten – bereits 1893, nach unglaublich kurzer, aber an Entbehrungen reicher Zeit machte sie ihr Diplom in Physik – als Beste ihres Jahrgangs! Ein Wunder? Nein, das Resultat eines eisernen Willens und der Ausrichtung aller Gedanken und Handlungen auf ein Ziel.

Landarbeiter, Holzfäller, Schienenleger, Landvermesser, Verkäufer ... die »Karriere« des jungen Mannes schien in einer Sackgasse zu enden. Da entschloß er sich, Anwalt zu werden und in die Politik zu gehen; er wurde Volksvertreter, Kongreßabgeordneter und schließlich Präsident der Vereinigten Staaten von Amerika. Die Rede ist von Abraham Lincoln (1809–1865). Lincoln wäre wohl kaum in die Weltgeschichte eingegangen, wenn er nicht seine Aufgabe erkannt und die Verantwortung übernommen hätte, die Sklaverei abzuschaffen und die Einheit des jungen Staatswesen zu bewahren.

Madame Curie und Abe Lincoln sind für uns zu Symbolen der Charakterstärke und des Verantwortungsbewußtseins geworden. Sie haben ihre Kraft erst entwickelt, als sie sich selbst helfen mußten, als sie alles verloren hatten – mit Ausnahme ihrer unbändigen Energie. Sie haben in Notlagen um jeden Fußbreit Boden gekämpft, so lange, bis sie ihr Ziel erreicht hatten. Sie sind deshalb so stark geworden, weil die riesigen Schwierigkeiten, die sie zu überwinden hatten, in ihnen jene Kräfte frei gemacht hatten, die schließlich aller Aussichtslosigkeit zum Trotz die Widerstände überwunden hat. Und weil sie bereit waren, Verantwortung zu übernehmen und für ihre »heilige« Sache einzustehen. Ohne Wenn und Aber. Uneingeschränkt.

Es gibt Menschen, die nach schweren Rückschlägen aufgeben. Viele Menschen aber werden sich ihrer Kraft erst in Notsituationen richtig bewußt, wenn ein großes Unglück sie um alles gebracht hat. Oft erkennen wir erst dann unsere Stärke, wenn wir echte Verantwortung zu übernehmen haben, ob wir sie nun gesucht haben oder nicht. Jetzt erst stehen wir auf eigenen Füßen – denn alle Brücken hinter uns sind abgebrochen, keine Hilfe steht uns mehr zur Verfügung. In dieser verzweifelten Situation übernehmen plötzlich Menschen die Verantwortung, denen wir dies offengestanden nie zugetraut hätten, weil wir sie unterschätzt haben. Wie aber sollten sie denn dieser Aufgabe gewachsen sein, wenn sie bisher nie Verantwortung übernommen hätten? Nie einen eigenen Gedanken gedacht, nie gelernt hätten, auf eigene Faust zu handeln? Selbständigkeit, schöpferische Kraft, Erfindungsreichtum, Selbständigkeit, Unabhängigkeit, Selbstvertrauen, Verantwortungsbewußtsein wachsen nicht auf Bäumen und können von uns im Bedarfsfall nicht einfach so gepflückt werden.

Nein, wir müssen von früh auf lernen, auf eigenen Füßen zu stehen, und wir müssen genauso lernen, Verantwortung zu übernehmen – zuallererst für unser eigenes Leben.

Nichts ist dümmer als die Meinung, wenn in einem jungen Menschen etwas stecke, so werde es schon einst an den Tag kommen. Es kann an den Tag kommen – oder auch nicht. Natürlich können wir auf Wunder vertrauen, und ich will nicht abstreiten, daß hin und wieder, sehr selten, auch Wunder geschehen, die durch ein seltsames Zusammentreffen glücklichster Umstände an einem Ort, zu einer bestimmten Zeit ausgelöst werden.

In der Regel aber ist das Geschehnis, das wir als »ein Wunder« zu bezeichnen pflegen, das Ergebnis harter und zielgerichteter Arbeit einzelner Menschen. Sie haben sich vorbereitet, nehmen die Chance wahr, dann, wenn sie sich bietet. Sie besitzen jenes Selbstvertrauen und jenes Verantwortungsbewußtsein, das auch die Gefahr des Scheiterns nicht scheut.

Exkurs 7

Der Sprung ins kalte Wasser
oder
Die Angst vor dem eigenen Mut

Wir kennen die hundertmal variierte Karikatur: Wenn die Freibäder im späten Frühjahr wieder geöffnet sind, steht am Rand des Schwimmbeckens eine junge Dame, steckt den großen Zeh ins Wasser, erschaudert und wendet sich ab. Lieber riskiert sie einen Sonnenbrand als eine Gänsehaut.

(Seltsamerweise werden für dieses Bild immer junge Damen karikiert – meine Erfahrung ist jedoch, daß Frauen, die ein Ziel vor Augen haben, oft konsequenter und direkter handeln als Männer ...)

Das ist doch purer Realitätssinn, werden Sie einwenden. Ja, die junge Dame hat das Wasser geprüft und für zu kalt empfunden. In unseren Breitengraden sind jedoch naßkalte Sommer recht häufig. So ist zu befürchten, daß die junge Dame den ganzen Sommer über nie ein Bad nehmen kann, es sei denn, sie buche einen Flug in wärmere Gefilde.

Natürlich spüren Sie, worauf ich hinauswill. Vorsicht und Realitätssinn sind gute Eigenschaften. Aber wir lernen nie frei schwimmen, wenn wir das Wasser so sehr fürchten, daß wir uns nie hineinwagen.

Sie haben die Mittel bereitgestellt, die es für Ihren Plan braucht. Sie haben sich weitergebildet, sind hellwach, diszipliniert, verantwortungsvoll, haben die Lage analysiert und kaum Schwachstellen festgestellt. Sie sind jetzt bereit, Ihren Traum zu realisieren. Plötzlich ist die Gelegenheit da, auf die Sie so lange gewartet, auf die Sie so lange hingearbeitet haben. Aber Sie scheuen zurück, wenden sich ab, lassen den Moment verstreichen. Die Gelegenheit zieht an Ihnen vorbei. Ungenutzt.

Sie haben Angst vor Ihrem eigenen Mut. Sie haben versagt.

Zuallererst ein Trost: Millionen von Menschen ergeht es genau gleich wie Ihnen. Die Worte *»Hätte ich doch damals so oder so gehandelt«* sind in (fast) aller Munde.

Wollen ausgerechnet Sie zu dieser Sorte Mensch gehören, der aus einem falschen Sicherheitsbedürfnis heraus jeder Mut zur Verantwortung fehlt? Der jede Entschlußkraft fehlt und die sich danach ein Leben lang selbst quält, bejammert oder gar verflucht? Nein. Sie wollen bestimmt nicht dazugehören, sonst würden Sie dieses Buch nicht lesen.

Wenn Sie vor der Entscheidung stehen, dann entscheiden Sie sich auch. Ohne Wenn und Aber. Dabei können Sie ganz cool bleiben. Denn Sie haben zwei Möglichkeiten offen. Sie können sowohl JA als auch NEIN sagen, ohne daß Sie Skrupel zu haben brauchen. Wenn Sie JA sagen, ist alles klar. Ein hartes Stück Arbeit liegt vor Ihnen, das Sie guten Mutes, mit einem angenehmen Kribbeln im Bauch, fröhlich und voller Selbstvertrauen anpacken werden.

Sagen Sie aus guten Gründen und nach gründlicher Analyse: »NEIN, die Voraussetzungen für den Schritt sind noch nicht gegeben, ich muß zuerst noch dies lösen und jenes lernen« – dann ist das Ihr gutes Recht, und Sie brauchen sich nicht vor sich selbst zu schämen. Schade um die gute Gelegenheit, aber die nächste kommt bestimmt.

Wenn Sie aber NEIN sagen aus mangelndem Mut und obwohl die meisten Voraussetzungen stimmen, dann haben Sie ganz einfach gekniffen. Natürlich ist auch dies Ihr gutes Recht, und Ihr Verhalten geht mich gar nichts an. Aber um so mehr Sie! Denn noch immer mangelt es Ihnen an Vertrauen. An Vertrauen in sich selbst. Dabei wollen wir es nicht belassen. Es wäre schade um all das, was Sie schon investiert haben. Kopf hoch, Sie werden es *doch* schaffen. Noch nicht jetzt, aber in absehbarer Zeit. Lesen Sie also weiter. Ich komme darauf zurück. Schon im nächsten Kapitel.

VIII.

Das Ziel

Der Langsamste, der sein Ziel
nicht aus den Augen verliert,
geht noch immer geschwinder,
als der ohne Ziel herumirrt.
LESSING

Formel meines Glücks: ein Ja, ein Nein, eine gerade Linie, ein Ziel.

NIETZSCHE

Wenn Wasser Dampf bilden soll, so muß es erst auf hundert Grad erhitzt werden. Dann ist der Siedepunkt erreicht. Neunzig Grad genügen nicht, auch nicht neunundneunzig – genau hundert müssen es sein. Das Wasser muß sieden, wenn es Dampf erzeugen soll, der eine Maschine antreibt. Wasser, das nicht siedet, laues Wasser, setzt überhaupt nichts in Bewegung.

Es gibt nur zu viele Menschen, die die Maschine ihres Lebens mit lauwarmem Wasser in Bewegung setzen wollen oder mit Wasser, das »beinahe« siedet – und sich dann wundern, warum es nicht vorwärtsgeht. Sie versuchen, die Kolben einer Maschine mit Wasser von neunzig oder neunundneunzig Grad zu bewegen, und begreifen nicht, warum das nicht gehen will.

Wenn ein Mensch lau ist, unbestimmt, vage und unentschlossen, wird er nie die Welt bewegen. Nicht seine eigene und nicht die Welten anderer. Es bleibt lediglich »Durchschnitt«, wer nicht mit ganzer Seele und ganzer Kraft bei der Sache ist, gleichgültig, ob es sich um die Arbeit oder um ein Hobby, um eine Sache oder um Menschen handelt.

Durchschnitt aber ist nicht gut genug. Bei weitem nicht gut genug.

Es gibt nur einen Weg, ein Ziel zu erreichen, wenn wir vom puren Glücksfall einmal absehen (aber der Volksmund redet auch hier vom »Glück des Tüchtigen«): wenn wir mit aller Kraft, die uns zur Verfügung steht, den Weg gehen, der uns zum Ziel führt. Wünschen kann jede Frau, jeder Mann, und alle Menschen hegen tatsächlich auch Wünsche. Der Begriff »wunschlos glücklich« bezieht sich lediglich auf einen leider meist sehr kurzen Moment. Natürlich hegen auch »Lauwarme« Wünsche. Aber es würde an ein Wunder grenzen, wenn diese je in Erfüllung gingen, denn nur ein energischer Wille, gepaart mit Zielstrebigkeit, Können und Wissen, führt uns von Etappe zu Etappe, bis das Ziel erreicht ist.

Zwischen Wunsch und Ausführung besteht ein gravierender Unterschied. Der bloße Wunsch ist wie das laue Wasser, das die Maschine nicht zum Arbeiten bringt. »Volldampf voraus!« muß die Losung lauten, wenn das Werk getan werden soll.

Wer hätte außerhalb eines kleinen Kreises etwas von Theodor »Teddy« Roosevelt gehört, wenn er die Karriere nur mit halbem Herzen angegangen hätte, die ihm vorschwebte; wenn er immer nur mit einem Teil seines

Wesens bei der Sache gewesen wäre? Er wäre niemals Präsident der Vereinigten Staaten geworden. Das Geheimnis seiner Laufbahn liegt darin, daß er immer sein ganzes Selbst, sein ganzes Wesen mit aller Entschlossenheit und Energie, die er aufbringen konnte, in seine Aufgabe einbrachte.

Jedes kraftvolle Leben muß ein beherrschendes Ziel haben, dem alles andere untergeordnet ist; ein Leitmotiv, das alles andere beherrscht, so sehr, daß wir gar nicht anders können, als ihm zu folgen. Ohne dieses Ziel vor Augen wird unsere Energie nie den Siedepunkt erreichen, die Kolben unserer Maschine werden sich nicht bewegen.

Ein Mensch mit starker Zielstrebigkeit ist voller schaffender und aufbauender Kraft, ein »Energiebündel«, selbst wenn er äußerlich ruhig und gelassen scheint. Sein Geist ist auf einen bestimmten Punkt fixiert.

Wir sollten unseren Lebensplan ansehen, wie ein großer Künstler sein Meisterwerk betrachtet: als eine Darstellung des Besten, zu dem er fähig ist und das er mit Stolz und mit Genugtuung betrachten kann.

Ich kenne Menschen, die scheinbar eifrig in ihrem Beruf arbeiten; aber sie sind problemlos imstande, eines schönen Tages blitzartig umzustellen und etwas beliebiges Neues anzufangen. Sie denken stets darüber nach, ob sie den richtigen »Job« haben, verlieren beim allerersten Hindernis den Mut. Wenn ihnen jemand von seinen Erfolgen in einem anderen Beruf erzählt, planen sie umgehend, umzusatteln. Sie wechseln ihre Jobs wie das Hemd.

Gewiß, auch Flexibilität ist eine durchaus achtbare Eigenschaft, die uns erlaubt, auf neue Entwicklungen und Konstellationen rasch zu reagieren und uns darauf einzustellen. Auch hat es jungen Menschen niemals geschadet, wenn sie mehrere Firmen und vielleicht auch mehrere Berufe und Sparten kennengelernt haben. Wenn sie diese Wechsel im Sinne der Weiterbildung vornehmen, erweitern sie ihren Horizont. Die Wandergesellen des Mittelalters hatten durchaus gute Gründe für ihren Wandertrieb – sie lernten, ihre frisch erworbenen Fähigkeiten anzuwenden und neue oder andere Techniken kennen, sie mußten sich oft unter widrigen Bedingungen durchschlagen – eine harte Lebensschule. Ganz bestimmt vermieden sie damit das alte Übel der Betriebsblindheit. Wer aber so wenig mit seinem Beruf verwachsen ist, daß er spontan und fast gedankenlos wechselt, hat seine »Berufung« noch nicht gefunden. Er oder sie bedarf dringend der Zieldefinition.

Mit Recht werden Sie nun einwenden, daß meine Meinung altmodisch sei. Sie ist es tatsächlich in unserer

Zeit des Umbruchs, in der Ära der »Jobkiller«, des technischen Fortschritts, der ganze Berufssparten fast über Nacht zum Verschwinden bringt.

Ich denke mir einfach, nein, ich weiß es, daß Kontinuität, Ausdauer, der Erwerb vertiefter Erkenntnisse in einem Beruf, einem bestimmten Gebiet große Vorteile mit sich bringt und die Festlegung unseres Ziels ganz wesentlich erleichtert. Wer auf allzu vielen Hochzeiten tanzt, wird über manches mitreden können. Aber ist mitreden denn genug?

Ist es nicht weit besser, wenn wir unseren Beruf zu unserer Berufung machen? Wenn wir jene Leidenschaft aufbringen, die uns wirklich zur Fachfrau, zum Fachmann macht, der über ein bestimmtes Gebiet (fast) alles weiß und jede neue Entwicklung mit Begeisterung und Anteilnahme verfolgt? Ich glaube, daß wir erheblich an Flexibilität gewinnen werden, wenn wir ein Metier so vollständig wie möglich beherrschen und die Berufung in jeder Gehirnzelle, jeder Nervenfaser, jedem Blutkörperchen sitzt. Wir engen unseren Horizont dadurch auch keineswegs ein. Im Gegenteil: weil wir Hintergründe und Zusammenhänge, Entwicklungen und Neuerungen verstehen lernen wollen, werden wir dadurch angeregt, uns mit dem riesigen Spektrum des Wissens zu befassen. Und unsere Neugier und unser Hunger nach Information führen dazu, daß wir uns mit

Freude in diese und jene Materie vertiefen, die auch unser Leben ganz allgemein bereichern und unser Allgemeinwissen fördern.

Der Werdegang eines engen Mitarbeiters illustriert glänzend, was ich damit meine:

Der ehrenwerte und angesehene Beruf des Schriftsetzers ist vom Computer binnen weniger Jahre fast vollständig »ausgerottet« worden. Zu Beginn dieser Entwicklung leitete ich einen Buchverlag, das kleine Anhängsel eines großen Pressekonzerns. Nun war die Stelle eines Buchherstellers zu besetzen, ein wichtiger Posten in jedem Verlag. Über siebzig Bewerbungen lagen auf meinem Tisch, mit zehn Bewerbern führte ich Gespräche. Danach stand fest, daß ich den ältesten der Bewerber, einen Schriftsetzer, haben wollte. Diesen oder keinen. Der Grund dafür waren zwei Sätze: »Ich bin ein Büchernarr. Ich weiß, daß ich ein großes Risiko eingehe, aber ich will mein Arbeitsleben als Büchermacher beenden.« Dieser unbändige Wille, dieses Zielbewußtsein war für mich der entscheidende Faktor für meinen Entscheid. Doch es gab ein Hindernis – die Devise des Pressekonzerns lautete: »Jung und dynamisch.« Ältere Mitarbeiter waren nicht erwünscht, sie seien angeblich zu teuer und würden den Anforderungen des anbrechenden Computerzeitalters ohnehin nicht genügen können. Nur mit größter Mühe gelang es mir, meine Idee durchzusetzen.

Ich habe den Schritt keine Sekunde lang bereut. In wenigen Monaten hatte der ehemalige Schriftsetzer den neuen Beruf im Blut. Er verhandelte mit Lieferanten, als ob er nie etwas anderes getan hätte, er disponierte, gestaltete, organisierte und war (und ist bis heute) zudem das »sprachliche Gewissen« des Verlags, denn als ich kurze Zeit später selbst in einen anderen Verlag wechselte, kam er mit. Mit sechzig hat er fast spielerisch auch noch die Computertechnik erlernt. Kaum jemand, der ihm darin etwas vormacht.

Wenn es etwas in dieser Welt gibt, das des Kampfes wert ist, dann ist es die Freiheit, unserem Ideal nachzuleben. Hier haben wir die Möglichkeit, Befriedigung zu finden und unser Leben zu einem reichen und vollen Ganzen zu machen. Wenn wir diese Möglichkeit nicht schaffen und packen, werden wir es stets bereuen, auch wenn wir unsere Pflichten sorgfältig erfüllen, die uns die Umstände auferlegt haben. Es liegt eine gewaltige Kraft in einem festen, ohne jede Einschränkung gefaßten Entschluß. Und es ist völlig gleichgültig, ob wir ihn schon mit zwanzig fassen oder erst wenn wir fast am Ende des Berufslebens stehen. Der Entschluß, alle Brücken hinter sich abzubrechen, alle Hindernisse aus dem Weg zu räumen und ans Ziel gelangen zu wollen, ohne Rücksicht auf die Länge des Weges oder auf die Größe der Opfer, die zu erbringen sind, ist dann sinnvoll, wenn wir ihn nicht leichtfertig, sondern in vollem Bewußtsein fällen. Die Begeisterung, mit der ein solcher Entschluß uns erfüllt, ist nur vergleichbar mit den Veränderungen, die Liebe manchmal in Menschen bewirkt.

Wenn dieser Entschluß in einem Menschen reift, so werden der Zweifel, die Furcht, die Gleichgültigkeit wie durch Zauberhand verschwinden. Athene, die griechische Schutzgöttin der Weisheit, der Künste und des Krieges, wurde geboren aus dem Haupt des Zeus, so erzählt die Sage. Sie trat hervor, völlig erwachsen, gerüstet und zum Kampf bereit. Ebenso treten die höchsten und wirksamsten Gedanken der Menschen fertig und mit der größten Kraft ausgerüstet aus dem Geist ans Licht. Nun dürfen wir sie nicht beiseite schieben oder einmotten, um sie zu gegebener Zeit wieder hervorzuholen – dann werden sie ihre Kraft ganz oder teilweise verloren haben:

Begeisterung ist keine Heringsware, die man einpökelt auf viele Jahre, sagt Goethe. Der Mensch bewirkt dann viel, wenn er seine Ideen und Gedanken dann in die Wirklichkeit umsetzt, wenn sie noch frisch sind. Wenn die Begeisterung uns jenen Elan verleiht, den wir brauchen, um uns durchzusetzen. Ein Entschluß wird reifen, wie der gute Wein im Keller reift. Wenn die Zeit gekommen ist, ziehen wir den Korken heraus und trinken die Flasche mit Vergnügen. Lassen wir den Wein einige Tage stehen, schmeckt er bereits schal, nach zehn Tagen ist Essig daraus geworden. Wenn eine zündende Idee im Gehirn des Romanautors aufblitzt, wird der Drang übermächtig, sie und die Bilder, die sich damit verbinden, sofort niederzuschreiben. Aber durch irgendein Hindernis, vielleicht durch bloße Bequemlichkeit, läßt sich der (Möchtegern-)Autor vom Schreiben abhalten. Eine Zeitlang bleibt die Idee lebendig und bedrängt den Schriftsteller, wenn er sie aber weiterhin »auf die lange Bank schiebt«, verblaßt sie schnell, bis sie sich schließlich völlig auflöst.

Kurz, aus dem Kerl wird niemals ein begabter Autor. Das hat seinen guten Grund. Warum kommen uns solche Gedanken und Bilder mit derart großer Intensität? Weil wir uns bewußt und unbewußt schon lange damit beschäftigt haben. Sie sind durch ein Ereignis, einen Satz in einem Buch, einen Dialogfetzen, den wir hören, ausgelöst worden. Nun müssen wir das Eisen schmieden, solange es noch glüht. Überrascht die Idee unseren Autor beispielsweise im Auto, wird er raschmöglichst anhalten und sie festhalten. Denn gerade sie, diese eine Idee, dieser eine Gedanke, könnte der Mosaikstein sein, der ihm den großen Wurf ermöglicht.

In unserem Leben kann gerade sie, diese eine Idee, das auslösende Moment sein, das wir brauchen, um unser Ziel zu realisieren.

Exkurs 8

Ideen sind dazu da, realisiert zu werden oder Wie wir Gelegenheiten beim Schopf packen lernen

Oft fassen wir energisch einen Entschluß und lassen ihn danach zerrinnen, ohne ihn auszuführen, weil wir zu bequem dazu sind oder – ach – die Umstände gerade dagegen sprechen. Dann versprechen wir uns innerlich, daß wir es beim nächstenmal sofort packen werden, und täuschen uns damit erneut selbst. Wir alle kennen Menschen, die immerzu neue Entschlüsse fassen und Entscheidungen fällen und uns begeistert und schwungvoll davon erzählen. Treffen wir sie einige Tage später erneut, berichten sie von neuen Ideen, die sie wiederum voller Schwung sofort, umgehend, schon morgen anpacken würden.

Die üble Gewohnheit, eine Sache immer wieder aufzuschieben, ist eine Todsünde. Auf Dauer bringt sie unser Selbstbewußtsein ins Wanken – wenn wir tausend Pläne schmieden, aber niemals einen konsequent ausführen, ersticken wir nach und nach unsere Unternehmungslust. Genauso wirkt übergroße Vorsicht, die der

Angst entspringt, wir könnten etwas falsch machen, dies und jenes könnte schieflaufen – Angst und übervorsichtiges Handeln (bzw. *Nicht*handeln) lähmen und zeugen ebenfalls von einem Mangel an Selbstvertrauen. Damit laufen wir in die Irre und entmündigen uns auf Dauer selbst.

Jeder Erfolg, den wir unserer Entschlußkraft verdanken, ist die Verwirklichung einer Sehnsucht und eines beweglichen Geistes.

Mancher Mensch »möchte« gern dies oder das tun, er »wünscht«, er könnte sich oder es durchsetzen, er »wäre glücklich«, wenn es vorwärtsginge. Nun gibt es andere Menschen, die wissen, daß sie sich durchsetzen werden, wenn es menschenmöglich ist und sie am Leben bleiben. Diese Menschen beklagen sich nicht, daß ihnen niemand etwas schenkt. Sie reden nicht darüber, daß ihnen diese oder jene Voraussetzung und Hilfe fehlt. Sie handeln einfach.

Diese Menschen haben ihr Ziel vor Augen. Zu ihnen gehören auch wir, Sie und ich!

IX.

Erfolg um jeden Preis?

Wir sollten lernen, eine Tat nicht
nach ihrem Erfolg zu beurteilen,
sondern nach der menschlichen
Haltung, die sich in ihr offenbart.
OTTO HEUSCHELE

Auch wenn du allein bist, solltest du nichts Böses weder tun noch sagen. Lerne dich mehr vor dir selbst als vor andern zu schämen.

DEMOKRIT

»Der Mensch ist, was er ißt«, sagt das Sprichwort. Der Satz läßt sich fast beliebig variieren. Unsere Variante muß hier lauten:

Der Mensch ist, was er tut.

Ein heikles Thema. Ein Thema auch, das gleichzeitig eine Frage beinhaltet, die jeder einzelne Mensch für sich selbst beantworten und vor seinem Gewissen verantworten muß. Auf die Gefahr hin, daß Sie mich altmodisch schimpfen:

Es gibt Dinge, die wir – durchaus erfolgreich – tun können, die uns aber eigentlich die Schamröte ins Gesicht treiben müßten.

Das Geschäft mit der Dummheit von Menschen hat es immer gegeben und wird es immer geben; genauso wie es jene Geschäftemacher gibt, die Notlagen von Menschen ausnützen, gnadenlos und eiskalt. Geld stinkt angeblich nicht. Wir wissen genau, daß dem nicht so ist. Geld kann durchaus einen erbärmlichen Geruch absondern. Nämlich dann, wenn es durch Opportunismus,

Habgier, Wucher und Verbrechen »gemacht« worden ist.

Manche dieser Geschäftemacher finden nichts weiter dabei. Einige haben noch Skrupel und lassen, wenn sie ertappt werden, gelegentlich verlauten: »Ich schätze den Job durchaus nicht. Ich fühle mich unbehaglich dabei und schäme mich der Kniffe und Tricks, die ich anwenden muß. Mit Freunden und Bekannten spreche ich nie über meinen Beruf, ich vermeide das Thema, so gut es eben geht. Aber ich kann den Job nicht an den Nagel hängen, denn ich verdiene glänzend dabei, so daß ich meinen Lebensstandard erheblich einschränken müßte. Das aber kann ich einfach nicht. Und schließlich: Wenn ich es nicht tue, wird es ein anderer an meiner Stelle tun!«

»Was hülfe es dem Menschen, wenn er die ganze Welt gewönne und nähme doch Schaden an seiner Seele?« Dieses Bibelwort ist noch heute gültig, zweitausend Jahre nach seiner Entstehung.

Es gibt schmutzige Arbeit, schmutzigen Erfolg. Geld verdienen durch schmutzige Arbeit ist ein schlechtes Geschäft, und wenn es noch so viel einbringt.

Dies ist meine Meinung. Und hoffentlich auch die Ihre.

Jeder Mensch gewinnt Einfluß und Macht, wenn man ihm vertraut, wenn er vertrauenswürdig ist, zu seinem Wort steht und zuverlässig ist. Solche Menschen sind nicht käuflich. Sie haben »Rückgrat« und Charakter. Wir schätzen an Geschäftspartnern nicht ihre Schlauheit, ihre Klugheit und ihre Kenntnisse, auch wenn wir letztere vielleicht bewundern mögen. Nein, wir schätzen ihre Zuverlässigkeit. Wir wissen genau, daß wir uns auf sie verlassen können. Dasselbe gilt für unsere Lebenspartner, für unsere Familie, für unsere Freunde und Arbeitskollegen, für unsere Vorgesetzten. Und diese wünschen sich wiederum, daß sie sich auf Sie verlassen können.

Und trotzdem: Auch wer »über Leichen« geht, kann Erfolg haben.

Großen Erfolg sogar. In der Politik das gleiche Bild wie in der Wirtschaft. Und es wird schließlich kaum ein Hahn danach krähen, wie der Erfolg zustande kam (auch wenn die Politik wachsamer beobachtet wird als die Wirtschaft). Der Glaube an das Gute im Menschen, so scheint es, ist längst verlorengegangen, und besonders trickreichen Managern, die ihre Ellenbogen ungeniert einsetzen, über das Wort »soziale Verantwortung« nur Witze machen und die Angst als Führungsmittel nutzen, schlägt aus der Wirtschaftspresse oft gar Hochachtung entgegen.

Der Erfolg heiligt manchmal fast alles, und die Menschen erstarren vor jemandem, der den Erfolg gepachtet zu haben scheint. Machen wir uns keine Illusionen – das war zu allen Zeiten so. Solange die Menschheit besteht, wird es sich wohl auch nicht ändern. Zeiten wirtschaftlichen Umbruchs und Aufbruchs sind für den gewissenlosen Manager Hoch-Zeiten, dann werden sie gebraucht, um angeblich mit eisernem Besen zu kehren.

Ich möchte trotzdem nicht in deren Haut stecken. Gewiß ist es unbestritten, daß in der Wirtschaft oft harte Entscheidungen getroffen werden müssen, wenn die betroffene Firma oder ganze Industriezweige überleben wollen. Aber selbst dies darf nicht ohne Menschlichkeit zynisch »durchgezogen« werden, wie es im Fachjargon heißt. Wer hier die Menschlichkeit wahrt, sich wehrt und nach Lösungen für jene sucht, die keine Möglichkeit haben, dem sich anbahnenden Desaster zu entkommen, der wird in den Spiegel schauen können, ohne sich dabei schämen zu müssen.

Die Sprache ist ein unbestechlicher Indikator. In den letzten Jahren haben sich unzählige Anglizismen in den europäischen Sprachen eingebürgert. Viele davon sind schlicht modisch und verschwinden meist wieder so schnell, wie sie übernommen worden sind. Manche sind uns unentbehrlich geworden, weil sie kurz und knapp, oft auch salopp Dinge bezeichnen, für die uns die Begriffe gefehlt haben. Einige sind reines »Fachchinesisch« oder sonstwie gerade »in«. Wieder andere verwenden wir aus einem Nachäffungstrieb heraus oder aus reiner Faulheit, selbst wenn es treffendere Ausdrücke in der eigenen Sprache gibt. Um beim Thema zu bleiben: Würden Sie einem Menschen vertrauen, den wir neudeutsch als »smart« bezeichnen? Wohl kaum. Genauso hat unser Wort »schlau« einen durchaus abwertenden Nebengeschmack.

»Er ist an seiner eigenen Schlauheit gescheitert; er hat sich selbst ausgetrickst.« Diese Gefahr lauert auf uns, wenn wir besonders »smart« und zynisch sein wollen. Widerstehen Sie der Versuchung, um eines kurzfristigen Vorteils willen einen Partner über den Tisch zu ziehen.

Denn ich gehe davon aus, daß Sie langfristig Erfolg haben wollen.

Exkurs 9

Wie man eine Geschäftsbeziehung aufbaut oder Ehrlich währt halt doch am längsten

Die meisten und oft auch die besten Geschäftsbeziehungen sind solche, die wir über Jahre hinweg in gegenseitigem Vertrauen aufgebaut haben. Nun gibt es Branchen, von denen wir glauben, daß die Geschäfte einmalig bleiben. Nehmen wir den Beruf des Häusermaklers. Da sich damit rasch Geld verdienen läßt, zieht der Beruf Spekulanten und an und genießt deshalb einen schlechten Ruf. Das ist ärgerlich für die zahlreichen seriösen Firmen und ihre Makler. Viele Amerikaner kaufen und verkaufen in ihrem Leben mehrere Häuser. Die Leute sind gewohnt, mit Maklern umzugehen, so daß sich eine Firma mit schlechtem Ruf nicht lange halten kann. In unseren Breitengraden ist der Kauf eines Hauses noch immer eine meist einmalige Sache, also eine weltbewegende und aufregende Geschichte. Hier wird kurzfristig entschieden, ob unsere Lebensqualität langfristig stimmt oder ob wir uns falsch entschieden haben und uns ein Leben lang über uns und den Verkäufer ärgern werden. Wir sind unerfahren und fallen auf jeden Trick rein. Die

Versuchung auf seiten des Maklers ist groß, diese Unerfahrenheit auszunutzen.

Gibt es denn überhaupt ein Argument, das den Verkäufer daran hindern könnte? Auf den ersten Blick nicht. Der Kauf ist getätigt, die Hausbank hat unseren Kauf finanziert, die Provision des Maklers ist in dessen Tasche verschwunden. Aus und Amen. Nur Sie werden wahrscheinlich den »Gelegenheitskauf« bald bereuen. Und »das Liebhaberobjekt« verfluchen, das sich als Faß ohne Boden erweist.

Der seriöse Makler denkt trotzdem anders. Er will sein Geschäft langfristig aufbauen. Auch wenn Sie in Ihrem Leben nur einmal sein Kunde sind, wird er Sie seriös beraten. Denn er weiß, daß er mit Ihnen als »Multiplikator« zu rechnen hat, im Guten wie im Schlechten. Haben Sie Kinder, werden diese vielleicht später auch ein Haus brauchen und sich an den Makler wenden, der damals ihre Eltern so fair beraten hat. Bestimmt aber haben Sie Freunde und Bekannte, die begierig sind, von Ihnen zu hören, was Sie für Erfahrungen gemacht haben. Und diese werden die Kunde von Ihren Erfahrungen weitertragen.

Es ist ein offenes Geheimnis, daß Geschäftsbeziehungen sich nur entwickeln können, wenn beide Partner zufrieden sind. Bleibt die Begeisterung einseitig, verläuft die Beziehung stets nur zum Nutzen des anderen, werden Sie bestimmt Ihre Konsequenzen ziehen. Und umgekehrt.

Offenheit, Fairneß, klare Absprachen, aussagefähige Offerten, Transparenz, Termintreue, Preiswürdigkeit, Zahlungsmoral sind die Basis, auf der eine Geschäftsbeziehung aufgebaut ist. Und natürlich muß das »Produkt« stimmen, gleichgültig, ob es sich um eine Dienstleistung oder um einen Artikel handelt; gleichgültig auch, ob Sie als Einkäufer oder als Verkäufer auftreten.

Lohnt es sich denn im Zeitalter der Schnäppchenjägerei, der wir ja selbst nur schwer entkommen können, überhaupt noch, langfristige Beziehungen aufbauen zu wollen? Ja und noch einmal ja. Kurzfristige Gewinnoptimierung hin oder her.

Echte Partner, die wissen, daß sie sich auf Sie verlassen können, sind Argumenten durchaus zugänglich. Sind Sie der zuverlässige, termintreue Lieferant, wird dies Ihr Kunde mit in seine Überlegungen einbeziehen. Sind Sie aber der Kunde, werden Sie es sich um eines kleinen Preisvorteils willen dreimal überlegen, einen zuverlässigen Partner zu wechseln. Bestimmt werden Sie vorher mit ihm zumindest sprechen – wahrscheinlich ist, daß Sie gemeinsam eine Lösung finden. Und wenn Sie doch einmal »fremdgehen«, werden Sie ihm Ihren

Entscheid mitteilen und sachlich begründen. Ich bin ganz sicher, daß sich diese Fairneß lohnt.

Außerdem geht nicht alles glatt im Leben. So ist es möglich, daß Sie sich verkalkuliert oder übernommen haben. Kurz, Ihre Liquidität ist nicht die beste. Wieviel einfacher ist es doch, einen Lieferanten anzurufen, mit dem man Jahre zusammengearbeitet hat, und zu sagen: »Gewähren Sie mir bitte aus dem und dem Grund einen Zahlungsaufschub von so und so lange.« Und stellen Sie sich weiter vor, Sie müßten darüber mit einem Lieferanten sprechen, den Sie bis aufs Blut ausgequetscht und gepeinigt haben ...

Aus meiner Erfahrung weiß ich, wie wichtig ein funktionierendes Beziehungsnetz ist. Je mehr Leute Sie in Ihrer Branche und aus dem Branchenumfeld kennen, desto besser für Sie. Gut, wenn man sich gegenseitig auch »riechen« kann und offen miteinander umgeht. Nehmen Sie alle ernst, besonders auch junge Frauen und Männer, die gerade ihre ersten Schritte im Beruf machen. Hören Sie sie an. Denn gerade Sie können sich noch erinnern, wie unsicher und unglaublich nervös Sie bei Ihrem ersten Kunden waren, obwohl Sie es mehr oder weniger geschickt zu verbergen suchten. Genauso werden Sie in guter Erinnerung bleiben, wenn Sie fair mit jungen Menschen umgehen.

X.

Die Entwicklung der Persönlichkeit

Der Mensch wirkt alles,
was er vermag,
auf den Menschen durch
seine Persönlichkeit.
GOETHE

Unser Zeitalter leidet an einem Überfluß von Personen mit Geltungsdrang, aber an einem Mangel an Persönlichkeiten.

Karl Peltzer

Schlankweg stelle ich eine Behauptung auf: Nie hat ein Mensch dadurch Erfolg gehabt, daß er versuchte, einen sogenannten »Erfolgsmenschen« nachzuahmen, in dessen Haut zu schlüpfen. Wenn er sich so gibt wie eben dieser Erfolgsmensch, wirkt dies auf Dritte lächerlich und unglaubwürdig.

Kein Mensch entwickelt eine Persönlichkeit, wenn er andauernd mit dem Strom schwimmt. Erfolg können wir zwar nachahmen, bestimmt jedoch werden wir damit keinen Erfolg haben! Je weiter wir uns von uns selbst entfernen und andere imitieren, desto weiter entfernen wir uns von uns selbst, von unserer eigenen Kraft. Und wo die Kraft und der Glaube an uns selbst fehlt, bleibt der Erfolg aus. Lernen können und sollen wir von anderen. Wir können sie achten oder gar bewundern. Unser eigene Kraft aber kann nur aus uns selbst kommen. Deshalb sollten wir alles daransetzen, uns selbst treu zu bleiben und eine eigene Persönlichkeit zu entwickeln.

In jeder Arbeit, in jeder Tätigkeit, in jedem Beruf gibt es unzählige Möglichkeiten, neue Wege einzuschlagen. Wir brauchen keineswegs am ersten Tag bereits die

Weltrevolution zu entfachen. Das wäre falsch. Zu einer Persönlichkeit gehört auch, daß sie methodisch denkt, Bewährtes überprüft, überlegen und sachlich bleibt, bei allem Schwung, den wir uns wünschen. Die Welt braucht Menschen, die Dinge anders und auf neue Weise machen. Sie brauchen nicht zu fürchten, weil Sie noch jung sind oder Sie noch nicht alle ungeschriebenen Regeln verinnerlicht, unkonventionelle Ideen entwickelt haben, daß andere Menschen Sie nicht anhören werden. Wer Neues und Wertvolles bringt, wird zwar gelegentlich an verschlossene Türen klopfen oder schnöde und hochnäsig abgewiesen. Aber zumindest einige Menschen, die Klugen, werden Sie anhören. Beachten und prüfen Sie deren Einwände und Argumente genau. Und eines Tages ist der ersehnte Moment da. Jemand sagt: »Ich mache mit!«

Ein Mensch mit starker Persönlichkeit, der es wagt, eigene Gedanken zu denken und eigene Wege zu gehen, der sich nicht scheut, er selbst zu sein, und der niemanden kopieren will, findet Anerkennung und höchstwahrscheinlich auch Aufträge und Zusagen. Ich glaube, daß nichts die Aufmerksamkeit so rasch auf einen Menschen lenkt als seine Eigenständigkeit, seine Persönlichkeit.

Eigenständige Persönlichkeiten heben sich von der Masse ab. Sie sind fähig, sich gegen Massentrends und

Widerstand durchzusetzen und schöpferisch tätig zu werden. Manchmal ist die Durststrecke lang. Es braucht Geduld, Beharrlichkeit, Durchsetzungsvermögen, Begeisterung und Schwung. Gleichgültig, als was Sie tätig sind, als Künstlerin oder als Manager, als Lehrer oder als Schriftstellerin, als Arzt oder als Rechtsanwältin, als Erfinderin oder als Vertreter – die eigenständige Persönlichkeit ebnet Ihren Weg. Vorausgesetzt, Ihre Idee hält, was sie verspricht, Ihr Produkt bringt jenen Nutzen, der es von anderen abhebt.

Die Welt ist voller Menschen, die anderen nach- und hinterherrennen, die nur eingleisig denken, sich anlehnen und die den Trampelpfad der Gewohnheit nie verlassen und nie selbständig denken. Auf tausend Menschen, die brav nachbeten, was ihnen vorgesagt wird, kommt ein Mensch, der eigenständig denkt und seine Ideen und Träume auch durchsetzen will. Ob als Angestellter in einem Betrieb oder als Selbständiger, spielt dabei keine Rolle. Hauptsache ist, daß Sie Verantwortung übernehmen.

Nichts erschöpft die Fähigkeiten, die jeder Mensch besitzt, schneller, als wenn wir alles genau so machen, wie wir es immer gemacht haben. Ich kenne junge, hoffnungsvolle Menschen, die schnell aufgehört haben, sich weiter zu entwickeln, weil sie von einer überbordenden Bürokratie buchstäblich erstickt wurden. Sie bekamen die Chance nie, ihre eigene Persönlichkeit zu entwickeln, und sie fanden nicht die Kraft, sich zu befreien. Besonders oft ist dies in Familienbetrieben der Fall, in den die Kinder eintreten, während die Gründergeneration noch das Zepter schwingt. Da lobe ich die »schwarzen Schafe«, die aus diesem hoffnungslosen Garten ausbrechen und auf eigenen Beinen zu stehen versuchen. Auch der Erfolg selbst kann zur Gefahr werden – besonders erfolgreiche Firmen sehen keinen Grund zur Veränderung, so lange, bis sie von neuen Entwicklungen überrascht und vom Markt gefegt werden.

Denken Sie zum Beispiel an die Möbelfabrikanten und -händler im Massenmarkt. Jahrzehntelang ging es ihnen gut. Sie hatten keinen Grund, sich weiterzuentwickeln. Gelegentlich bastelten sie am Design herum, um den Modetrends zu folgen, grundsätzlich aber änderte sich nichts. Dann aber »knutschte« die Branche ein Elch – Ikea war da und eroberte das kaufkräftige junge Publikum im Nu.

Noch schlimmer erging es der Uhrenindustrie in der Schweiz. Sie hatte die mechanische Uhr zur Vollendung gebracht und beherrschte den Weltmarkt. Der Erfolg wiegte sie in trügerische Sicherheit. Plötzlich waren die Japaner mit der elektronischen Uhr da. Dutzende von Firmen gingen ein, Tausende von Stellen gingen verloren. Erst Jahre später gelang es innovativen Machern, mit der »Swatch« verlorenes Terrain wieder zurückzuerobern.

Wie manche Weltmarke ist in den letzten Jahren verschwunden, aufgekauft oder zerschlagen worden, weil sich ihre Manager satt und selbstzufrieden zurückgelehnt und vergessen haben, daß sich die Welt weiterdreht und ein Erfolg, und sei er noch so groß, morgen schon Makulatur ist. Hier fehlten Menschen, die widerborstig denken, die gegen den Strom schwimmen und Vertrautes und Altgewohntes dauernd in Frage stellen und überdenken und überprüfen.

Was zeichnet eine Persönlichkeit aus? Obwohl wir es fühlen und spüren, wenn wir einer echten Persönlichkeit begegnen, läßt sich das Ideal – das es natürlich nicht geben kann – nur schwer beschreiben. Da ist einmal etwas, das wir mit »Ausstrahlung« zu bezeichnen pflegen. Es sind die Augen, die Hände, der Mund, das Lächeln, die mitsprechen. Da ist die Sprache. Da ist die Fähigkeit zuzuhören, andere Meinungen zumindest zu erwägen, zu prüfen und gegebenenfalls zu akzeptieren. Da sind unverkennbar Phantasie und Kreativität, ungewöhnliche Denkansätze im Spiel. Da ist die Fähigkeit zur Analyse, zur gekonnten Argumentation. Ehrlichkeit und Offenheit und, und, und. Also eine Art von Idealbild.

Die Wirklichkeit ist natürlich anders. Da sitzt Ihnen

ein mürrischer und linkischer Herr gegenüber und ist trotzdem eine Persönlichkeit, das fühlen wir sofort. Oder da ist die quicklebendige junge Dame mit den lebhaften Augen, aus der Ideen und Argumente nur so heraussprudeln. Eine Persönlichkeit!

Viele Menschen fürchten sich vor Neuerungen jeder Art. Sie sehen keinen Grund dafür, etwas in Frage zu stellen, was sich ihrer Ansicht nach bewährt hat. Weil sie sich vor Neuerungen fürchten, vermeiden sie tunlichst alles, was ihre Sicherheit gefährden könnte – und bringen sie gerade durch diese Sturheit und Lernunwilligkeit in größte Gefahr. Dann gibt es Menschen, die zwar denken können, sich aber ebenfalls davor fürchten, weil sie sich eine eigene Meinung bilden könnten und diese gar noch gegenüber Dritten vertreten und vielleicht gar durchsetzen müßten. Ihnen fehlt es an Zivilcourage und an Selbstvertrauen, weil sie nicht anders sein wollen oder können als alle anderen.

Wenn Sie eine Persönlichkeit werden wollen, dürfen Sie sich nicht davor fürchten, gegen den Strom zu schwimmen, anders und neu zu denken und zu handeln. Es ist die Eigenart, die erst Persönlichkeit schafft. Bleiben Sie immer sich selbst, und verleugnen Sie sich nicht. Schon das Bewußtsein, kein Nachahmer zu sein, ist eine starke Kraftquelle und erhöht das Selbstvertrauen. Es ist erfrischend, mit einem Menschen zusammenzukommen, der einen nicht dauernd an andere erinnert, der auf eigenen Füßen steht und keine Krükken braucht.

Je eigenständiger Sie denken lernen, desto mehr entwickeln Sie Ihre Persönlichkeit.

Patentrezepte gibt es nicht – aber wir haben die Mittel, um denken zu lernen, bereits miteinander besprochen.

Exkurs 10

Kleider machen Leute
oder
Vom sicheren Auftreten

Rüpel sind unbeliebt. Zwar umschnüren uns die gesellschaftlichen Zwänge heute nicht mehr im selben Maß wie noch vor wenigen Jahrzehnten. Die Sitten sind lockerer geworden. Und das ist durchaus gut so – sonst würden wir noch heute im Kontor am Stehpult mit Ärmelschonern arbeiten und vor dem Herrn Generaldirektor bei jeder Gelegenheit devot den Hut ziehen.

Höflichkeit, die von Herzen kommt, erleichtert aber den zwischenmenschlichen Umgang ungemein. Wir tun gut daran, die noch heute gültigen Grundgebote der Höflichkeit zu lernen, falls wir zuwenig davon mitbekommen haben sollten, und sie auch anzuwenden. Gegenüber *allen* Menschen, mit denen Sie es zu tun haben. Weil es oft vergessen geht: Das gilt auch für Ihre Familie. Ihre Frau, Ihr Mann, Ihre Kinder und die Verwandten haben genauso ein Recht auf Ihre Höflichkeit wie alle anderen Menschen.

Höflichkeit gegen andere drückt sich im Äußeren aus, in der Sprache, in der Körpersprache, im schriftlichen

Verkehr (auch ein E-Mail verdient, sorgfältig abgefaßt zu werden!) und auch darin, daß wir uns in schwierigen Situationen beherrschen können. Ich rede nicht der steifen Förmlichkeit das Wort, die sich heute eher seltsam ausnimmt und die damit »Beglückten« oft unbehaglich stimmt, sondern von der natürlichen Höflichkeit, die beim fröhlichen Guten-Morgen-Gruß beginnt, der nicht nur andere Menschen freundlicher stimmt, sondern auch Sie selbst.

Dazu gehören auch Tischmanieren (wenn Sie andauernd zu Hummeressen eingeladen sind, lernen Sie doch endlich mal, mit der verflixten Hummerschere umzugehen!) und weiter natürlich auch die Kleidung. Auch wenn sich die Kleidersitten erfreulich gelockert haben, sollten Sie sich dem jeweiligen Anlaß und dem Publikum oder den Gästen angemessen kleiden: »Overdressed« sind Sie, wenn Sie im Ballkleid an der Grillparty erscheinen – »underdressed«, wenn Sie in Jeans und fleckigem Hemd am Lunch des Rotary-Clubs auftauchen. Sie werden sich an beiden Anlässen wohl etwas unbehaglich fühlen (und Ihre Gastgeber auch!), wenn Sie nicht gerade mit einer Elefantenhaut ausgestattet sind.

Höflichkeit soll von Herzen kommen, dann verhilft Sie Ihnen auch zu einem unbeschwerten und sicheren Auftreten. Sie brauchen sich nicht mehr andauernd zu fragen: »Was habe ich wohl wieder falsch gemacht?« Wenn Sie im Detail Lücken haben, finden Sie im Anhang dieses Buches einige empfehlenswerte Titel erwähnt. Meist wird Ihnen aber Ihr gesunder Menschenverstand sagen, was zu tun ist und was nicht.

XI.

Geld

Verfüge nie über Geld,
bevor du es hast.
THOMAS JEFFERSON

Ich rate euch, die Weisheit von Algamish zu erkennen und euch vorzunehmen: »Einen Teil meines Verdienstes lege ich auf die Seite.« Sagt es morgens, wenn ihr aufsteht, sagt es mittags und abends. Sagt es jede Stunde des Tages. Sagt es euch so lange vor, bis die Worte wie Buchstaben aus Feuer am Himmel stehen. Laßt euch von der Vorstellung durchdringen, laßt den Gedanken in euch einsickern. Dann legt den Teil zur Seite, der euch als angemessen erscheint. Es sollte nicht weniger als ein Zehntel sein. Ordnet eure übrigen Ausgaben so, daß dies möglich ist. Aber spart zuerst dieses Zehntel. Bald werdet ihr feststellen, welch gutes Gefühl es ist, einen Schatz zu besitzen, auf den ihr allein Anspruch habt. Je mehr er wächst, desto mehr regt er euch an. Neue Lebensfreude wird euch erfüllen. Ihr werdet euch noch mehr anstrengen, um mehr zu verdienen. Denn je höher euer Verdienst ist, desto größer sind eure Ersparnisse.

GEORGE S. CLASON in:
Der reichste Mann von Babylon.
Die Erfolgsgeheimnisse der Antike

Geld allein macht nicht glücklich. Eine Binsenwahrheit! Zumindest aber beruhigt es. Zu leben »wie ein Fürst« bleibt deshalb oder trotzdem der Wunschtraum vieler Menschen. In den allermeisten Fällen aber bleibt es beim Wunschtraum.

Allerdings ist es ein armseliger und beelendender Anblick, Menschen auf der Jagd nach dem Geld zuzuschauen. Wie sie versuchen, mit und durch Geld Ansehen, Freunde und Glück zu kaufen. Aber glücklicherweise ist Glück ein Zustand des Geistes und nicht käuflich, wie viele nie oder erst nach bitteren Enttäuschungen lernen.

Trotzdem ist uns allen klar, daß es schwierig ist, ohne Geld zu leben. Und Armut schmeckt auch dann nicht süßer, wenn wir wissen, daß ein Großteil der Weltbevölkerung unterhalb der sogenannten »Armutsgrenze« leben muß. So gesehen geht es uns, Ihnen und mir, glänzend. Trotzdem schmeckt auch relative Armut bitter, weil sie uns behindern kann und manchmal gar unser Ziel, das wir erreichen wollen, ernsthaft in Frage stellt.

Wir sollten also rechtzeitig dafür sorgen, daß unsere Mittel ausreichen, um unser Ziel zu erreichen.

»Gut gebrüllt, Löwe!« werden Sie nun ausrufen. »Aber wie sollte ich dies denn mit meinem geringen Gehalt je schaffen? Es reicht ja kaum aus, um zu überleben.«

Ihr Einwand ist nur allzu berechtigt, wie ich aus eigener Erfahrung weiß. Nun, das Rezept ist simpel. Derart einfach, daß Sie vielleicht darüber lachen, dieses Buch zuschlagen – für immer – und jenen Satz sagen werden, den wir miteinander erarbeitet haben: »Bis hierher und nicht weiter!« Trotzdem – das Rezept heißt:

Sparen!

Sie lesen trotzdem weiter? Gut!

Die meisten Menschen in der westlichen Welt sparen in irgendeiner Form. Meist sehr unsystematisch und wenig diszipliniert, immer wieder abgelenkt von den Verführungen der modernen Konsumwelt. Zu diesen Menschen gehöre, nein, gehörte auch ich. Dann gibt es Menschen, die systematisch, nach einem Plan sparen. Das ist ein guter Anfang; wenn Sie zu diesen Menschen gehören, sind Sie zu beglückwünschen.

Schließlich gibt es Menschen, die jeden Pfennig dreimal umdrehen müssen, um ihre Familie durchzubringen, um ein Studium abzuschließen oder begangene Fehler auszubügeln, vielleicht aber auch aus Gründen des Umweltschutzes, weil sie schlicht allen unnötigen Konsum, der unsere Umwelt belastet, vermeiden wollen. Das alles sind ehrenwerte Gründe, aber kein Grund, um nicht zu sparen. Schließlich seien noch die krankhaften Geizhälse erwähnt, die sparen um des Sparens willen. Da dies kein Ziel ist, kein erstrebenswertes Ziel sein kann, werden sie aus Spargründen dieses Buch ohnehin nicht bis hierher gelesen haben.

Viele Menschen wissen nicht, wie man systematisch spart, oder sie glauben, daß sie aus wirtschaftlicher Not nicht systematisch sparen können. Vor einiger Zeit fiel mir aber zufällig ein schmales Büchlein in die Hände, bei dem ich mein »Aha-Erlebnis« hatte. Es trägt den Titel »Der reichste Mann von Babylon. Die Erfolgsgeheimnisse der Antike«*, ist mehr als siebzig Jahre alt, und trotzdem liest es sich leicht und flott. George S. Clason erzählt darin Geschichten, Parabeln und versetzt uns Tausende von Jahren zurück in das alte Babylon.

Clason zählt »sieben Methoden, eine leere Geldbörse zu füllen«, auf:

1. Sparen

Von den zehn Münzen, die ihr in euere Geldbörse steckt, nehmt ihr neun zum Verbrauch heraus. Danach wird sich

* Erschienen im Conzett/Oesch Verlag, Zürich.

eure Börse sofort aufblähen, und das größere Gewicht wird sich in eurer Hand gut anfühlen und eure Seele befriedigen.

10%!

Nicht weniger! Aber natürlich darf es auch mehr sein, wenn Sie es schaffen.

Zu einfach? Nein, dies ist der erste Schritt zu einem Vermögen. Wer einen Zehntel seines Einkommens spart, legt den Grundstein dazu. Nehmen wir an, daß Sie lediglich netto 2500 DM im Monat verdienen. Davon tragen Sie am 1. jedes Monats 10% oder 250 DM zur Bank. Welchen Stand weist Ihr Bankkonto aus, wenn Sie bei einem Durchschnittszins von 4% zehn Jahre später den Saldo überprüfen, wenn wir Bankspesen, Steuern (und die gefährliche Inflation) nicht berücksichtigen? Aus dem angesparten Kapital von 30 000 DM sind mit Zins und Zinseszinsen rund 36 800 geworden. Ihr eigenes Geld hat Ihnen in dieser Zeit also fast drei zusätzliche Monatseinkommen verschafft. Wenn Sie aber gar 20 Jahre durchhalten, sind aus den 60 000 DM mehr als 89 000 DM geworden. Sparen hat Ihnen also fast in zusätzliches Jahresgehalt eingebracht. Bestimmt aber haben Sie in den zwanzig Jahren mehrfach eine Gehaltserhöhung bekommen und sich eisern an die 10%-Regel gehalten oder sich mit steigendem Einkommen gar einen höheren Sparsatz geleistet. So hat Ihr Kapital inzwischen wahrscheinlich die Schwelle von

100 000 DM deutlich übertroffen. Und dies bei einer der konservativsten möglichen Anlageformen, dem Sparheft.

Aber es gibt natürlich noch weit bessere Anlagemöglichkeiten als das Sparheft. Allerdings gilt:

Je höher der Zins, desto höher auch das Risiko!

Nun werden Sie einwenden, daß Ihre 2500 DM netto kaum ausreichen, um Ihre Familie zu ernähren. Es stimmt, je weniger wir verdienen, desto schwerer fällt es uns zu sparen, weil wir ohnehin schon jede Mark dreimal umdrehen müssen. Drehen wir sie einfach vier- oder fünfmal um, bevor wir sie ausgeben. Versuchen Sie es – sie werden feststellen, daß Sie 10% Ihres Einkommens sparen könnnen, selbst dann, wenn Sie nur einen 630-Mark-Job haben. Dabei hilft Ihnen ganz besonders auch die zweite Methode von George Clason.

Vielleicht gehören Sie aber zu den Glücklichen, die ein gutes oder gar ein Spitzeneinkommen verdienen. Sie sind zu beneiden, denn es müßte Ihnen eigentlich leichtfallen, den Sparplan einzuhalten. »Nein«, höre ich Sie schon sagen, »ich weiß nicht, wie, aber mein Einkommen zerrinnt mir zwischen den Fingern. Zehn Prozent, das schaffe ich nie und nimmer!« *Ihre* Sorgen möchte ich haben! Lassen wir noch einmal George Clason sprechen, in der Person von Arkad, dem reichsten Mann von Babylon:

Alle Menschen leiden darunter, daß sie mehr Wünsche hegen, als sie sich erfüllen können. Ihr glaubt wohl, daß ich mir aufgrund meines Reichtums alle Wünsche erfüllen kann? Das ist eine irrige Vorstellung. Zum Beispiel sind meine Zeit und meine Kraft begrenzt. Die Entfernungen, die ich zurücklegen kann, ebenso. Ich kann nicht alles essen, wozu ich Lust habe, und auch meiner Genußfähigkeit sind Grenzen gesetzt.

Ich sage euch, genauso wie das Unkraut in einem Feld überall da wuchert, wo es Platz findet, genauso breiten sich die Wünsche der Menschen aus, wenn sich die Möglichkeit bietet, daß diese erfüllt werden. Ihr werdet von mannigfachen Wünschen beherrscht, und es sind nur wenige, die ihr befriedigen könnt.

Ob Sie nun ein geringes oder ein hohes Einkommen haben, Clasons zweite Methode ist besonders hilfreich, das 10%-Sparziel zu erfüllen:

2. Kontrolle der Ausgaben

Untersucht gründlich eure Lebensgewohnheiten. Dabei werdet ihr höchstwahrscheinlich bestimmte Ausgaben entdecken, die ihr stillschweigend hinnehmt, die aber reduziert oder ganz gestrichen werden könnten. Schreibt deshalb auf eure Tontafeln die Dinge, für die ihr Geld ausgeben wollt. Wählt jene aus, die notwendig sind und die, die bei der

Verwendung von neun Zehnteln eures Einkommens möglich sind. Streicht die restlichen Posten, und betrachtet sie als Teil jener Vielzahl von Wünschen, die nicht erfüllt werden können, und weint ihnen nicht nach.

Diese beiden Punkte scheinen mir die wichtigsten in Clasons »Babylon-Plan«. Der Vollständigkeit halber seien auch noch die weiteren fünf Punkte aufgezählt:

3. Sorgt dafür, daß sich euer Gold vermehrt

Ihr Geld soll arbeiten und Zinsen tragen.

4. Bewahrt eure Schätze vor Verlust

Risiken vermeiden, sich vor falschen Ratgebern hüten.

5. Macht euer Heim zu einer einträglichen Investition

Clason empfiehlt, ein Haus zu kaufen. Dieser Schritt muß heute sehr sorgfältig überlegt sein. Ein Haus kann sehr oft viel mehr Geld kosten, als es einbringt bzw. an Mietkosten einspart.

6. Sichert euch ein Einkommen für die Zukunft

Vorkehrungen für das Alter, Schutz der Familie (Rente, Versicherungen).

7. Verbessert eure Verdienstmöglichkeiten

Clason bricht hier eine Lanze für die Weiterbildung, über die wir bereits ausführlich in Kapitel III (Seite 51) gesprochen haben.

Um Ihr Ziel zu erreichen, brauchen Sie wahrscheinlich Geld. Ich glaube und hoffe, daß Ihnen George Clasons einfache Methode dazu verhelfen kann. Natürlich läßt sich das Kapitel nicht abschließend auf einigen Seiten behandeln. Im Anhang zu diesem Buch finden Sie einige nützliche Bücher, die Ihnen weiterhelfen können.

Was aber ist, wenn wir nicht bei Null anfangen können, sondern zuallererst unsere Schulden loswerden müssen? Schulden kosten Geld, viel Geld. Insbesondere dann, wenn es sich um Kleinkredite oder Überziehungskredite handelt, für die wir keine Sicherheiten stellen können, werden wir gnadenlos »abgezockt«. »Konsumkredite« heißen die Summen, die uns, wenn wir wollen, überall und immer zur Verfügung stehen. Aber auch Kreditkarten sind kaum besser, denn Sie verleiten uns dazu, uns Dinge zu leisten, die wir uns – Hand aufs Herz – nicht leisten können. Halten Sie mich also bitte nicht für einen Moralprediger, wenn ich behaupte, daß es sich niemals und unter gar keinen Umständen lohnt, Konsum über Kredite zu finanzieren. Die »bequemen Monatsraten« führen uns direkt in die

Schuldenfalle. Was ist zu tun, wenn Sie bereits in dieser Falle sitzen?

1. Machen Sie Kassensturz. Stellen Sie genau fest, wie viele Schulden Sie haben und wann sie fällig werden.

2. Und nun muß Schmalhans Küchenmeister in Ihrem Leben werden. Ruhen Sie nicht eher, als bis Sie Ihre Schulden abgetragen haben. Verzichten Sie darob jedoch nie, keinen Monat darauf, die 10% von Ihrem Einkommen zu sparen. Sollten Ihre Schulden verhindern, daß Sie die eiserne 10%-Sparquote Monat für Monat einhalten können, dann müssen Sie handeln. Sprechen Sie mit Ihren Gläubigern, nehmen Sie dafür auch die Hilfe des Sozialamtes in Anspruch (vermeiden Sie professionelle Schuldenverwaltungsfirmen – sie kosten viel und leisten nicht mehr, manchmal aber weniger, als die öffentlichen Stellen). Vereinbaren Sie Ratenzahlungen, die Sie nicht umbringen. Viele Ihrer Gläubiger sind bereit, Ihre Vorschläge anzunehmen, wenn sie sicher sein können, daß Sie Ihre Versprechungen einhalten werden.

3. Auch hier ein guter Rat von George Clason: Setzen Sie dafür 20% Ihres Einkommens ein, Monat für Monat. Zusammen mit den 10%, die Sie sparen, verwenden Sie also ab sofort *30% Ihres Einkommens,* um Ihre Vermögenslage zu verbessern. Ja, denn Schuldenabbau kommt einem Vermögensaufbau gleich.

Ich weiß, daß George und ich fast Unmögliches von Ihnen verlangen. Mit der Betonung auf fast. Es ist wirklich hart, mit 70% seines Einkommens auskommen zu müssen. Es ist aber möglich, wenn Sie nur wollen. Und ich bin sicher, daß Sie es wollen. Sie wollen der Schuldenfalle entrinnen, denn es ist eine teuflische Falle, die Sie bei Tag und bei Nacht belastet.

Halten Sie eisern daran fest, und Sie werden mit Genugtuung und Freude feststellen, wie das Leben allmählich leichter wird. Wie Ihre Schulden geringer und geringer werden und trotzdem Ihr Sparguthaben Monat für Monat um 10% Ihrer Einnahmen (und durch die Zinsen noch ein bißchen mehr) zunimmt. Es kommt der schöne Tag, an dem Sie feststellen, daß sich die Schulden und das angesparte Vermögen schon die Waage halten. Lassen Sie jetzt nicht nach, keine Sekunde denken Sie daran, daß Sie jetzt eigentlich eine Belohnung verdient hätten. Die Belohnung erhalten Sie erst an jenem gar nicht mehr so fernen Tag, an dem Ihre Schulden restlos getilgt sind. Dann erhalten Sie das schönste Geschenk, das Sie sich heute vorstellen können. Und dies kostenlos: Ab dem Tag X können Sie endlich, endlich wieder frei atmen:

Jetzt können Sie mit Recht auf sich selbst stolz sein!

Exkurs 11

Wie man sein Geld verlieren kann oder Von Neppern und Bauernfängern

Ein New Yorker Rechtsanwalt sagt es pointiert: »Ich bin überzeugt, daß von hundert Menschen, die Reichtum erben, in der Lotterie gewinnen oder sonstwie schnell und glückhaft zu einem Vermögen gelangen, neunundneunzig ihr Geld wieder verlieren.« Der Mann hat große Erfahrung in der Vermögensverwaltung, und so muß in seiner überspitzten Formulierung ein Korn von Wahrheit stecken.

Es ist eine Tatsache, daß Menschen, die unvorbereitet zu einem Vermögen kommen, oft mit dem plötzlich über sie hereinbrechenden Geldsegen nicht zurecht kommen. Allgemein bekannt sind manche Lottomillionäre, die, vor Freude trunken, ihren neu erworbenen Reichtum öffentlich zur Schau stellen und sich von der Boulevardpresse feiern lassen. Plötzlich haben sie viele, viele gute »Freunde«, die mit Ratschlägen nicht sparen. Ein ganzer Troß von Neppern, Bauernfängern und Scharlatanen verfolgt die Unglücklichen und nimmt ihnen das Geld wieder ab. Die Freude am Reichtum währt bei ihnen meist nur kurz, die Reue über die verpaßte Chance dagegen ist lang.

Aber auch Menschen, die hart arbeiten und jeden Monat 10% ihres Einkommens sparen, bleiben vor der Versuchung nicht verschont, das »schnelle Geld« zu machen. Sie lassen sich verleiten, bei dubiosen Warentermingeschäften, unseriösen Anlagegeschäften, spekulativen Fonds einzusteigen. Es ist oft kaum zu glauben, auf welche Geschichten und Tricks Menschen hereinfallen, wenn sie von jener Gier befallen werden, die ihnen einflüstert, wie leicht es doch sei, sein Geld über Nacht zu verdoppeln oder zu verdreifachen.

Unvergeßlich bleiben mir jene Schreiben aus Nigeria, in denen ich um die Angabe meines Bankkontos gebeten wurde. Man würde mir sieben oder acht Millionen Dollar darauf überweisen, da das Geld vor dem räuberischen Fiskus gerettet werden müsse. 30% dieser Summe seien mein, wenn ich nur helfen würde, das viele schöne und ehrlich erworbene Geld zu retten. Da einige Beamte bestochen werden müßten, damit das Geld außer Landes gebracht werden könne, sollte ich lediglich 30 000 Dollar sofort überweisen. Selbstverständlich könne man das Geschäft auch in Lagos in Ruhe besprechen. »Rufen Sie mich an. Ich bin während der Bürozeiten im Handelsministerium zu erreichen.« Der Flugplan lag gleich bei.

Das »offizielle« Briefpapier, die klingenden Titel und eigene Gier haben offenbar Hunderte von Menschen in Mitteleuropa dazu gebracht, den dubiosen Angeboten Glauben zu schenken. Die meisten wollen anonym bleiben. Der »Spiegel« berichtete jedoch jüngst von einem Unternehmer, der auf solche Art und Weise seine ganze Firma verspielte. Da er noch immer glaubte, daß es nur eine Frage der Zeit sei, bis ihm die unglaublich hohe Provision in Millionenhöhe ausbezahlt würde, gelang es ihm, einen Geldgeber zu finden, der nochmals horrende Summen einschoß und diese natürlich auch verlor.

Für solche Schreiben gibt es nur einen Aufbewahrungsort – den Papierkorb. Hängen Sie das Telefon sofort und brutal ein, wenn Sie aus Hamburg angerufen werden und Ihnen sagenhafte Gewinne mit Warentermingeschäften versprochen werden. Wer Ihnen den »todsicheren« Tip gibt, wie Sie über Nacht reich werden können, hat immer nur seinen eigenen Vorteil im Auge. Stellen Sie sich einfach nur eine Frage, wenn Sie ein Angebot prüfen: Warum nimmt der Mann oder die Frau die einmalige Gelegenheit nicht selbst wahr? In den meisten Fällen wissen Sie danach, was Sie zu tun haben. Sie sagen

NEIN!

Ein reicher Mensch kann einen Verlust leicht verschmerzen – Sie aber nicht. Denken Sie stets daran, wenn Sie die Versuchung lockt. Denken Sie Tag und Nacht daran, daß das Risiko überproportional mit den angeblichen Gewinnchancen steigt.

Natürlich ist es ärgerlich, daß das gute alte Sparheft nur wenig abwirft und dazu je länger, je mehr mit Gebühren belastet wird. Es lohnt sich deshalb, die Angebote der Banken genau unter die Lupe zu nehmen. Je länger Sie gespart haben, desto eher können Sie sich auch ein kalkuliertes Risiko leisten. Als Sparer studieren Sie auch den Wirtschaftsteil der Zeitungen und werden langsam mehr von Wirtschaftskreisläufen und deren Risiken verstehen: Pfandbriefe und Obligationen sind ebenfalls sicher und werfen mehr ab; Lebensversicherungen können ebenfalls höhere Renditen abwerfen und dazu noch steuerliche Vorteile aufweisen. Und natürlich lockt die Börse – wenn Sie davon nichts verstehen, sollten Sie sich klugen Führern überlassen, insbesondere auch dann, wenn Sie Ihre Anlagen langfristig planen. Prüfen Sie die verschiedenen Fondsangebote. Viele Zeitungen und Zeitschriften beraten ihre Abonnenten in Anlagefragen. Scheuen Sie sich nicht, Rat zu suchen und einzuholen. Aber hüten Sie sich vor Scharlatanen!

Vermeiden Sie ein »Klumpenrisiko«. Horten Sie Ihr Geld nicht nur bei einer Bank oder einer Versicherung. Setzen Sie nicht alles auf eine Karte, das Risiko ist zu groß. Ein Mix aus Sparanteilen, Wertpapieren, Versicherungen hat sich als sicherste Anlageform erwiesen. Haben Sie nur ein kleines Vermögen, muß Ihre erste Devise Sicherheit heißen.

Wie viele Menschen sind ins Unglück geraten, weil sie nicht verstanden, wie ein schriftlicher Vertrag abschlossen wird, wie man geschäftliche Dinge auch mit Verwandten oder Freunden schriftlich festmacht, anstatt sich auf die allgemeine »Anständigkeit« zu verlassen. Auch der ehrlichste Mensch kann etwas mündlich Abgesprochenes vergessen oder anders interpretieren als Sie, und wo nichts Schriftliches vorliegt, da drohen später nur zu leicht Mißverständnisse. Es kostet wenig Zeit oder Geld, eine Sache schriftlich festzulegen. Damit könnten viele Rechtsstreitigkeiten, Bitterkeit und Entfremdung vermieden werden.

Geschäftliche Begabung ist ebenso selten wie die mathematische Begabung. Es gibt genug junge Menschen, die beim Abgang von der Schule vollgepfropft mit Kenntnissen sind, aber völlig unfähig, sich im Alltag zurechtzufinden. Sie müssen sich unbedingt mit diesen Geschäften vertraut machen, wollen Sie nicht böse Überraschungen erleben. Auch hier gilt also die Devise:

Wir haben nie ausgelernt!

Oft ist es viel schwerer, Geld zu ersparen und gut anzulegen, als Geld zu verdienen, und wenn sogar erfahrene Geschäftsmänner dabei in Schwierigkeiten geraten, wie wird es da jenen ergehen, die in solchen Dingen gar keine Kenntnisse besitzen oder es unter ihrer Würde halten, sich solche Kenntnisse zu erwerben?

Wir aber haben zusammen den ersten Schritt getan und gelernt, zu sparen. Monat für Monat legen wir 10% unseres Einkommens auf die »hohe Kante« und sehen mit Freude, wie aus dem kleinen Häufchen Geld mehr und mehr wird, wie es immer schneller wächst. Wir haben also *A* gesagt. Nun müssen wir aber auch *B* sagen und uns ernsthaft um unser Geld kümmern. Und uns jene Kenntnisse und den Durchblick verschaffen, die uns erlauben, die Spreu vom Weizen zu scheiden.

XII.

Ist dir die Welt deinen Lebensunterhalt schuldig?

Wer sich gezwungen sieht, seinen Lebensunterhalt von anderen zu erbitten und in fremder Wohnung zu schlafen und zu ruhen, dessen Leben hat für Tod zu gelten und sein Tod für Ruhe.

Aus den Fabeln des Bidpai, einer altindischen Fabel- und Novellensammlung

Wenn wir auf die Torheiten, Verbrechen und Massaker der Geschichte schauen, dann finden wir, daß sie möglich waren, weil die Menschen die Stimme ihres Gewissens unterdrückten, unter dem Gesetz des Staates Schutz suchten und ihre Freiheit der Masse überantworteten. Dieses unnatürliche Abschütteln menschlicher Verantwortung findet sich klar in dem Epigramm: »Es war nicht Adams Schuld; es war nicht Evas Schuld; es war nicht die Schuld der Schlange; schuld war der Apfel!«

SARVEPALLI RADHAKRISHNAN

In Cleveland wurde ein fünfzehnjähriger Junge festgenommen, weil er einen Laden überfallen und die Ladenkasse ausgeraubt hatte. Ein Vorgang, wie er heute leider alltäglich geworden ist. So alltäglich, daß wir davon kaum mehr als mit einem Achselzucken Notiz nehmen. Außergewöhnlich war nun aber die Antwort, die der junge Mann dem Jugendrichter auf die Frage nach dem Motiv für seine Tat gab: »Ich habe den Laden überfallen, weil die Erwachsenen mir meinen Lebensunterhalt schuldig sind.«

Dieselbe Mentalität spricht aus den Worten Ludwigs XIV. von Frankreich, des sogenannten »Sonnenkönigs«. Als seine Armee in Flandern vernichtet wurde, rief der König aus: »Hat Gott denn alles vergessen, was ich für ihn getan habe?«

Viele Menschen scheinen zu glauben, daß Gott, die Gesellschaft und die Welt stark in ihrer Schuld stünden. Ihre »Anspruchsmentalität« ist so groß, daß sie sich keiner Schuld bewußt sind. Sie schieben die Verantwortung Dritten zu, und schuld an ihrem Elend haben immer »die anderen«.

Natürlich ist es möglich, das beim Fünfzehnjährigen Elternhaus, Schule und Lehrer versagt haben. Ich hoffe für ihn, daß er seinen Weg trotzdem finden wird. Er ist noch so jung, daß er mindestens eine weitere Chance erhalten wird. Das Wort des Königs aber zeugt von einer solchen Selbstgerechtigkeit, daß einem dabei übel wird.

Wir können aus diesen beiden Beispielen lernen, daß Selbstmitleid und Selbstgerechtigkeit überaus schlimme »Tugenden« sind. Niemand auf der Welt ist schuld, wenn wir versagen. Niemand, außer uns selbst. Wir haben keine Stellvertreter im Leben. Wir, und nur wir, müssen den Kopf für das hinhalten, was wir tun. Nicht immer sofort, aber früher oder später. Meist aber früher, als wir erwarten und denken. Selbst wenn auch alle »Umstände« gegen uns sein sollten (niemals sind alle gegen uns!) – wir tragen immer die Verantwortung für unser Handeln. Immer!

Arbeit, stetige dauernde Arbeit mit einem bestimmten Ziel vor Augen, Arbeit, die mit Eifer, Begeisterung und Liebe getan wird – das ist das einzige, was den Menschen vor der Schande bewahren kann, eine Null zu sein. Denn das Gesetz, dem wir nicht entrinnen können, heißt:

Wer sich viel zutraut, wird viel leisten.

Und nur, wenn wir uns unserer Selbstverantwortung bewußt sind, können wir unsere Ziele erreichen. Niemals werden wir sie durch Dritte erreichen. Wir selbst müssen sie uns im wahrsten Sinne des Wortes *erarbeiten.*

Wenn Sie nicht bereit sind, den vollen Preis für Ihr Leben zu bezahlen, wenn Sie dem Müßiggang frönen wollen und getrost denken, daß die anderen »schon für mich sorgen werden«, führen Sie ein Scheinleben. Natürlich kann Sie niemand daran hindern, wenn Sie es wirklich wollen, und vielleicht kommen Sie damit sogar eine Zeitlang durch. Aber Sie sind und bleiben … eine Null. Und irgendwann bezahlen Sie den Preis dafür. Es ist der teuerste Preis, den ein Mensch bezahlen kann: Sie werden die Selbstachtung verlieren.

Exkurs 12

Schuld und Sühne
oder
Aus Fehlern lernen

Fehler sind dazu da, um begangen zu werden. Nehmen wir das Beispiel des jugendlichen Straftäters aus dem vorangegangenen Kapitel. Er hat einen Fehler begangen, einen schweren Fehler. Er wird dafür büßen und sühnen müssen und hoffentlich zur Einsicht gelangen, daß ihm die Welt seinen Unterhalt keineswegs schuldet, sondern daß es an ihm liegt, sich durchzusetzen. Auch wenn ihm noch einige Zeit ein Makel anhaften wird, er wahrscheinlich Schwierigkeiten in der Schule bekommt oder Mühe haben wird, eine Lehrstelle zu finden, wird er seinen Weg machen können, wenn er Verständnis findet und bereit ist, die Lektion zu lernen, die ihm das Leben bereits erteilt hat.

Kein Mensch ist frei von Fehlern. Es ist einfach eine Tatsache, daß wir alle andauernd Fehler begehen – im Berufsleben genauso wie im Privatbereich. Fehler über Fehler. Von früh bis spät. Und ebenso ist es eine Tatsache, daß die meisten Menschen aus Fehlern lernen, sie bestenfalls nur einmal begehen und oft auch lernen, aus einem begangenen Fehler die richtigen Schlüsse zu ziehen und damit anderen Fehlern oder Gefahren auszuweichen. Nur wenige Fehler lassen sich nie mehr korrigieren; diese kennen wir alle, und wenn wir bei Verstand sind, werden wir sie vermeiden.

Alle anderen Fehler aber sollten wir als nützlich betrachten. Nachdem der erste Ärger über uns selbst und unsere »Unfähigkeit« verraucht ist, sollten wir ganz kühl analysieren, was wir falsch gemacht haben und was wir tun können, um diesen einen Fehler niemals wieder zu begehen. Und wir sollten das Umfeld erkunden und beurteilen, welche Voraussetzungen zu unserem Fehler geführt haben. Und dann gehen wir daran, das Umfeld zu verbessern. Daß wir überhaupt Fehler begehen, zeigt, daß wir aktiv sind und uns bewegen.

Wenn wir große Fehler begehen, sind wir oft auf die Großzügigkeit unserer Mitmenschen angewiesen. Genauso aber sollten unsere Mitmenschen auf *unsere* Nachsicht zählen können.

Wer dauernd auf den Fehlern anderer herumhackt, sie immer wieder zur Sprache bringt, aus einer Mücke einen Elefanten macht, wird sich Feinde schaffen und ein eisiges Klima um sich herum verbreiten. Und alle von ihm gequälten Menschen werden darauf warten, daß er selbst Fehler begeht. Und diesen Fehler dann natürlich auch genüßlich in die Welt posaunen und breittreten. Fehler sind Chancen, weil sie unsere Lehrer sein können.

Wir können noch so gut ausgebildet sein, noch so sorgfältig arbeiten, noch soviel Rücksicht auf andere nehmen: Fehler werden trotzdem nicht ausbleiben. Wer lebt, begeht Fehler. Das beste ist, wir finden uns damit ab und gehen zur Tagesordnung über.

Aber erst, nachdem wir festgestellt haben, warum und weshalb wir den Fehler begangen haben.

Erst wenn wir nicht mehr aus Fehlern lernen können oder wollen, dann begehen wir damit – den schlimmsten aller Fehler.

XIII.

Menschenkenntnis

Nehmen Sie die Menschen,
wie sie sind,
andere gibt's nicht.
KONRAD ADENAUER

Die Menschen sind gut, bloß die Leute sind schlecht.

ERICH KÄSTNER

Wahre Menschenerkenntnis muß den Menschen nach Leib, Seele und Geist erforschen. Denn der Menschenleib ist ein Werk des Geistes und eine Offenbarung der Seele.

RUDOLF STEINER

Nach der Eroberung Persiens erkrankte Alexander der Große plötzlich schwer. Einer seiner Heerführer übersandte ihm per Boten einen Brief. Der General denunzierte darin den Leibarzt Alexanders. Dieser habe die Absicht, ihn nach und nach zu vergiften. Um keinen Verdacht zu erregen, würde Alexander das Gift in kleinen Dosen verabreicht. Alexander las den Brief durch und legte ihn unter das Kissen. Als der Arzt mit dem goldenen Becher, der den Heiltrunk enthielt, an das Krankenbett trat, sagte Alexander, daß er ihn neben das Bett stellen solle. Dann gab er dem Arzt den Brief zu lesen und schaute forschend in dessen Gesicht. Er erkannte nicht die leisesten Anzeichen von Furcht oder Schuldbewußtsein. Nun griff Alexander nach der Arznei und trank sie in einem Zug aus, ohne ein Wort zu sagen. Der Leibarzt fragte den König, wieso er den Becher nach dem Brief des Heerführers doch geleert habe. Alexander antwortete: »Weil du ein ehrlicher Mann bist.«

Alexander war ein großer Menschenkenner und konnte in den Herzen der Männer seiner Umgebung lesen wie in einem offenen Buch.

Für jeden Menschen in leitender Stellung ist es die wichtigste aller Künste, daß er imstande ist, andere Menschen und ihre Fähigkeiten richtig einzuschätzen; sie in ihrer Position weder zu überfordern noch zu unterfordern; ihre Stärken zur Geltung zu bringen und ihre Schwächen im Team auszugleichen.

Andrew Carnegie (1835–1919), der große amerikanische Industrielle, stammte als Sohn eines schottischen Handwebers aus ärmlichsten Verhältnissen. 1848 wanderte seine Familie nach Amerika aus. Carnegie war nacheinander Laufbursche in einer Fabrik, Telegraphenbote und schließlich Eisenbahnbeamter, bevor er zum Eisenfabrikanten und zum Stahlmagnaten und nach und nach zu einem der reichsten Männer des Landes wurde. Er bestimmte die Inschrift selbst, die auf seinem Grabstein steht: »Hier ruht ein Mann, der es verstanden hat, Männer um sich zu versammeln, die viel klüger waren als er selbst.«

Wie haben es Männer wie Carnegie und seinesgleichen fertig gebracht, ihre riesigen Unternehmen aufzubauen? Das Geheimnis liegt wohl darin, daß sie sich mit Menschen umgaben, auf die sie sich verlassen konnten. Carnegie war unaufhörlich damit beschäftigt, seine Angestellten kennenzulernen und zu sehen, was er aus ihnen machen könnte. Nichts entging seinem Auge. Auch wenn ein Angestellter nicht im entferntesten daran dachte, daß Carnegie sich mit ihm beschäftige, war er immer dabei, ihn bei jeder Gelegenheit neu einzuschätzen. Carnegies Fähigkeit, Menschen zu erkennen, richtig einzuschätzen und an den rechten Platz zu stellen, grenzte ans Geniale. Und er glaubte an seine Mitarbeiter und gab ihnen Verantwortung.

Carnegies selbst verfaßter Grabspruch grenzt ein bißchen an Koketterie, denn er selbst war ein intelligenter und gebildeter Mann, wie seine lesenswerten Lebenserinnerungen (»Geschichte meines Lebens«) noch heute beweisen. Und er sah keinen Sinn darin, bloßen Reichtum anzuhäufen – die Zahl seiner gemeinnützigen Stiftungen geht in die Tausende, die zum Teil noch heute bestehen.

Der Kaufmann Marshall Fields wurde einst durch die Kündigung seines Geschäftsführers überrascht, der sich selbständig machen wollte. Ohne einen Augenblick zu zögern, rief er danach einen Mitarbeiter in sein Büro, der ihm schon länger durch seine Leistungen aufgefallen war. Fields teilte dem überraschten Mann mit, daß er ab heute Hauptgeschäftsführer sei. Er verließ sich so stark auf seine Menschenkenntnis, daß er selbst am nächsten Tag nach Europa abreiste, ohne sich zu vergewissern, was für eine Figur sein neuer Geschäftsführer machte. Ein erhebliches Risiko, das er damit einging – denn die Fernsprechtechnik steckte noch in den Kinderschuhen, eine Kommunikation war deshalb unmöglich. Fields aber war überzeugt, daß er den richtigen Mann gefunden habe und sich auf ihn verlassen könne. Und er hatte sich nicht getäuscht, wie sich erweisen sollte.

Frauen und Männer, die etwas Großes erreicht haben, waren klug genug, einzusehen, daß sie nicht alles selbst machen konnten und nicht alles besser wußten. Sie umgaben sich mit fähigen, klugen und durchsetzungsfreudigen Mitarbeitern, die jene Fähigkeiten mitbrachten, die ihnen selbst abgingen, und die eigene Ideen in das Unternehmen einbrachten.

Oft geschieht jedoch das Umgekehrte; Manager stellen Leute ein, die schwächer sind als sie selbst. Damit wollen sie ihre Position absichern und sich vor Konkurrenz schützen.

Es gibt nur wenige Menschen, die ihre eigenen Schranken und schwachen Seiten kennen und so offen sind, sie sich selbst einzugestehen. Wer dazu nicht imstande ist, wird auch in der Wahl derer, die mit ihm und für ihn arbeiten sollen, oft fehlgehen. Es ist durchaus als Zeichen von eigener Schwäche zu werten, wenn jemand in leitender Position nur Kopfnicker einstellt anstelle von Leuten mit eigener Meinung.

Menschenkenntnis ist eine schätzenswerte Eigenschaft, die bei uns selbst beginnen sollte. Uns selbst müßten wir eigentlich am besten von allen Menschen kennen. Wenn wir uns selbst richtig und selbstkritisch einschätzen lernen, wird uns dies auch bei anderen gelingen. Wir sollten uns über Menschen, mit denen wir zusammenarbeiten wollen, informieren, über ihre Fähigkeiten und genauso über Wissens- oder Praxislükken. Wir sollten die Beweggründe ihres Handelns kennen, ihre Körpersprache lesen, auch ihre Launen (und unsere eigenen auch) kennen und einzuschätzen wissen.

Vorstellungsgespräche können dabei kaum weiterhelfen, denn hier zeigt sich jeder von seiner »Schokoladenseite«. Wie ein Mensch wirklich ist, stellt sich wohl erst nach kürzerer oder manchmal längerer Zusammenarbeit heraus. Was ein Mensch tut, wie er sich gibt, verrät mehr von seinem wahren Wesen als ein beidseitig gut vorbereitetes Gespräch. So ist es also unerläßlich, daß wir entscheiden, ohne genau zu wissen. Je mehr Menschenkenntnis und Erfahrung wir haben, desto besser werden unsere Entscheidungen ausfallen.

Mangel an Menschenkenntnis kann uns in eine üble Lage bringen. Sind wir zu gutmütig und zu gutgläubig, besteht die Möglichkeit, daß wir betrogen und übertölpelt werden. Haben wir umgekehrt ein Gemüt aus Stein und eine allzu dicke Haut, werden wir nicht merken, daß wir andere unglücklich machen und Gefahr laufen, gerade die Besten zu verlieren.

Viele Menschen, insbesondere Frauen, besitzen eine fabelhafte Menschenkenntnis. Instinktiv fühlen sie, wem sie vertrauen können und wem nicht. Wenn Sie nicht zu den Glücklichen gehören sollten, deren Instinkte noch intakt sind, bleibt Ihnen nichts anderes übrig, als durch Erfahrung zu lernen. Einiges können Sie sich durchaus auch durch entsprechende Fachbücher aneignen, aber Erfahrung bleibt auch dann wichtig, denn es gibt eigenwillige und eigenständige Menschen, die einfach nicht in eine Schablone passen wollen, weil sie Format haben.

Seine Fähigkeiten kann man aber auch durch Übung schulen. Wenn wir lernen, genau zu beobachten, die Körpersprache zu »lesen«, werden wir rasche Fortschritte machen. Neugier ist eine gute Eigenschaft und gerade hier unentbehrlich. Setzen Sie sich einfach einmal in ein Straßencafé, und beobachten Sie die vorübereilenden Leute. Gewöhnen Sie sich an, Leute überall und zu jeder Zeit zu beobachten – ob auf dem Fußballplatz oder auf offener Straße, im Restaurant oder beim Autofahren, überall dort, wo sich viele Menschen treffen –, und Sie werden lernen, was Menschen bewegt und sie antreibt. Und Sie lernen aus Körpersprache, Gestik, Körperhaltung, Gang, Augensprache und Gesichtszügen zu lesen wie in einem offenen Buch. Wenn Sie sich für Menschen wirklich interessieren, wenn Sie sich ihrer annehmen, die Begegnung und das Gespräch suchen, werden Sie zum Menschenkenner. Und vielleicht lernen Sie auch Seiten kennen, die Sie selbst überraschen – an sich selbst und an anderen.

Wenn Sie Falschheit und Aufrichtigkeit unterscheiden können, wenn Sie den wahren Wert eines Menschen rasch erkennen, wenn Sie durch alle Verstellungen hindurch sehen, was echt ist, ist dies weit wertvoller als hundert Auskünfte, die Sie über eine Person einholen.

Ob Sie Erfolg haben oder nicht, ob es Ihnen gutgeht oder nicht, hängt oft genug davon ab, wie gut Sie Menschen einschätzen können.

Exkurs 13

Wer ist mein Freund?
oder
Wer ist mein Feind?

Hören Sie gerne, daß Leute gut über Sie sprechen? Klar, jeder Mensch ist empfänglich für Lob. Wenn Sie etwas anderes behaupten würden, sagen Sie nicht die Wahrheit. Umgekehrt: Hören Sie gern Kritik? Ist es Ihnen unwichtig, was andere über Sie denken? Wenn Sie ehrlich sind: Nein!

Nun, es ist nicht einfach, Schmeichelei von ehrlichem und offenem Lob zu unterscheiden. Schmeichler und Speichellecker treten dann gehäuft in Ihrer Nähe in Aktion, wenn Sie überdurchschnittlichen Erfolg haben. Schmeichler sonnen sich in der Aura des Erfolgreichen, suchen seine Nähe, wollen mit Ihnen gesehen werden, drängen Ihnen das Du auf, damit möglichst etwas Glanz auch auf sie abfalle. Dies an sich wäre ja noch harmlos. Aber Schmeichler sind auch Neider und Drückeberger. Sie werden die ersten sein, die mit den Fingern auf Sie zeigen werden, falls es einmal nicht so gut gehen sollte, wenn Sie statt Erfolg plötzlich Mißerfolge ausweisen müssen. Dann gehen die Schmeichler zuerst mit Ihnen ins Gericht. Hart! »Das konnte ja nicht gutgehen, ich habe es immer gesagt.« Und wenden sich einem neuen Star zu.

Wenn Sie selbst aber umschmeichelt werden, obwohl Sie noch gar keine groben Stricke zerrissen haben, noch eine recht unbedeutende Stellung einnehmen, hüten Sie sich genauso vor dem Schmeichler. Er will etwas von Ihnen, und er will es so billig wie möglich haben.

Sie kennen die Fabel vom Fuchs und vom Raben? Der Rabe sitzt auf dem Baum, ein schönes Stück Käse im Schnabel, das er irgendwo stibitzt hat. Unter dem Baum sitzt der hungrige Fuchs und rühmt in den höchsten Tönen die wunderbare Gesangskunst des Rabenvolkes im allgemeinen und des Käsebesitzers im besonderen. So lange schmeichelt und bittet er, bis sich der Rabe in Positur setzt, den Hals zurückbeugt und zu krächzen beginnt. Schwups, der Käse ist weg und der Fuchs auch. Seien Sie also vorsichtig!

Dagegen tut ein offenes, ehrliches Lob aus berufenem und kritischem Mund wirklich gut. Wir freuen uns mit Recht darüber, daß unsere Leistungen anerkannt werden. Und von solchen Menschen akzeptieren wir auch Kritik. Denn sie wird begründet und wohlüberlegt sein, und wir sollten sie ernst nehmen und ernsthaft prüfen, selbst dann, wenn es uns schwerfällt. Denn: Auch berechtigte Kritik kann schmerzen. Aber es lohnt sich, zuzuhören und sie anzunehmen, denn von einem ehrlichen Menschen ausgesprochen, wird sie auch nur für Ihre Ohren bestimmt sein.

An einen solchen Menschen dürfen Sie sich ruhig auch um Rat in heiklen oder entscheidenden Fragen wenden. Er wird Sie sachlich beraten und nicht versuchen, Wasser auf seine eigene Mühle zu leiten. Natürlich besteht ein Gegenrecht, vielleicht sucht er Ihren Rat, den Sie ihm dann ebenfalls nach bestem Wissen und Gewissen geben sollten. Bestenfalls entwickelt sich in gegenseitiger Achtung eine Freundschaft aus diesem Geben und Nehmen. Kritiker sind dann Freunde, wenn Sie uns offen sagen, was sie denken.

Dagegen sollten Sie sich mit jener Entschiedenheit gegen Nörgler, Miesmacher und Kritikaster zur Wehr setzen, die Sie auch gegen Schmeichler einsetzen. Wer andauernd keinen guten Faden an Ihnen und Ihrer Arbeit läßt, wer ständig jede Ihrer Entscheidungen in Frage stellt, jeden Schritt, den Sie tun, argwöhnisch beobachtet und alles herabsetzt, was sie tun, der verdient Ihre Aufmerksamkeit nicht, denn er neidet Ihnen Ihren Erfolg genauso wie der Schmeichler.

Lernen Sie Freund und Feind auseinanderzuhalten. Je erfolgreicher Sie sind, desto mehr Neider werden Sie wahrscheinlich haben. Die reinen Bewunderer zählen nicht.

Es zählen nur die Freunde, auf die Sie sich wirklich verlassen können.

XIV.

Glück und Zufall

Zufall ist das Pseudonym Gottes, wenn er nicht selbst unterschreiben will.

ANATOLE FRANCE

Die Kunst, Glück zu haben. Es gibt Regeln für das Glück: denn für den Klugen ist nicht alles Zufall. Die Bemühung kann dem Glücke nachhelfen. Einige begnügen sich damit, sich wohlgemut an das Tor der Glücksgöttin zu stellen und zu erwarten, daß sie öffne. Andere, schon besser, streben vorwärts und machen ihre kluge Kühnheit geltend, damit sie, auf den Flügeln ihres Wertes und ihrer Tapferkeit, die Göttin erreichen und ihre Gunst gewinnen mögen. Jedoch, richtig philosophiert, gibt es keinen anderen Weg als den der Tugend und Umsicht; indem jeder gerade so viel Glück und so viel Unglück hat als Klugheit oder Unklugheit.

BALTASAR GRACIÁN

Jedes Kind weiß, wie nützlich es ist, im richtigen Augenblick am richtigen Platz zu sein. Das nennen wir »Zufall«. Ein Mensch rückt in eine höhere Stellung auf, ganz ohne sein Zutun oder Verdienst, weil sein Vorgänger mit dem Auto verunglückt ist oder einen Schlaganfall erlitten hat. Oder wir rücken nach, weil unser Vorgesetzter die Stelle wechselt oder in Pension geht oder weil wir mit dem Boß verwandt oder befreundet sind. Und, und, und ... Sind wir deswegen ein Spielzeug des Zufalls?

Wir alle kennen Menschen, die Erfolglosigkeit und ihre Mißerfolge damit entschuldigen, sie dem Zufall, dem Schicksal oder dem mangelnden Glück in die Schuhe zu schieben. Diese weinerliche Litanei drückt auf das Gemüt. Genauso wünschen wir jene Leute ins Pfefferland, die uns andauernd mit jedem Zipperlein behelligen und einen Schnupfen zur knapp vermiedenen Lungenentzündung aufbauschen.

Natürlich gibt es Menschen, die das Schicksal schwer geschlagen hat. Mit echten Krankheiten, mit Gebrechen oder mit sonstigem Unglück. Ihr Schicksal bewegt uns.

Sie nötigen uns Achtung ab, gerade weil diese Menschen selten zu jammern pflegen.

Abgesehen von diesen wirklich Unglücklichen aber entspringt das Schicksal, das die Karten verteilt, im wesentlichen dem eigenen Willen, und der Ausgang des Spiels steht nicht im Buch des Schicksals in Stein gemeißelt, sondern in Ihrer Seele und in Ihrem Hirn. Sie können das Spiel des Lebens immer gewinnen, wenn Sie die stärkere Energie, die größere Geschicklichkeit und die durchschlagendere Entschlußkraft auf Ihrer Seite haben. Es steht in Ihrer Macht, den Wert der Karten zu erhöhen, die das Schicksal Ihnen verliehen hat. Und der Ausgang des Spiels hängt davon ab, wie weit Sie imstande sind, alle Gelegenheiten zu ergreifen, alle Möglichkeiten auszunützen und geringere Ressourcen durch größere Geschicklichkeit zu ergänzen.

»Das Glück leitet ein Boot auch ohne Steuer zum Hafen.« Man kann sagen, was man will, daß es so etwas wie »Glück« oder »Zufall« nicht gebe – aber es läßt sich eben doch nicht leugnen, daß in jedem Leben die erstaunlichsten Glücksfälle eintreten können. Wir müssen die Tatsache anerkennen, daß der ganze Gang eines Lebens oft ein anderer wird dadurch, daß Dinge sich überraschend wenden, daß wir gerade jetzt diesen Menschen treffen, der uns helfen kann. Daß dieses oder jenes Ereignis eintritt, auf das wir nie zu hoffen wagten. »Ich habe

Glück« oder »Was für ein seltsamer Zufall« pflegen wir dann zu sagen.

Ich bin nicht abergläubisch und finde schwarze Katzen selbst dann hübsch, wenn sie frühmorgens meinen Weg kreuzen. So zögere ich auch keinen Augenblick, das Glück zu ergreifen, wenn es gelegentlich meinen Weg kreuzt. Trotzdem frage ich mich dann: »Wie habe ich dieses Glück verdient?« und hinterfrage zuerst den »Zufall«, nicht daß er sich am Ende gar als »Trojanisches Pferd«, als ein »Wolf im Schafspelz« entpuppe.

Glück und Zufall treten häufiger bei Menschen in Erscheinung, die auf ein bestimmtes Ziel hart hinarbeiten. Sind alle Sinne auf ein Ziel gerichtet, werden wir das Glück vermehrt finden, als wenn wir uns durch unser Leben treiben lassen. Der »Genosse Zufall« wird uns häufiger heimsuchen, wenn wir hellwachen Sinnes durch die Welt gehen. Wenn wir abgestumpft einfach mittrotten, werden wir dafür auf mehr »unglückselige Zufälle« stoßen. Dies ist eine Tatsache, und Menschen, die uns als vom Glück Verfolgte erscheinen mögen, tun oft mehr dafür, das Glück zu zwingen, als wir uns je vorstellen können. Glück ist oft eine Art von Nebenprodukt harter Arbeit. Es fällt uns desto leichter zu, wenn wir die Voraussetzungen schaffen, die es begünstigen.

Das Leben ist jedoch kein Glücksspiel. Napoleon sagte einmal: »Gott ist immer auf der Seite der stärksten

Bataillone.« Allerdings, er ist immer auf der Seite derer, die am besten vorbereitet und vorgebildet, die am wachsamsten, geschicktesten und entschlossensten sind. Wenn wir den Lebensweg der Frauen und Männer verfolgen, von denen es heißt, sie hätten Glück gehabt, so werden wir bei den meisten finden, daß ihr Erfolg seine Wurzeln weit zurück in der Vergangenheit ausstreckt und seine Kraft aus zahlreichen Kämpfen und Erfahrungen gezogen hat. Wir werden entdecken, daß der »Glücklichere« eben der schärfer Denkende, der klarer Urteilende, der klüger Handelnde war.

Auf keinem Gebiet geben sich die Menschen solchen Selbsttäuschungen hin wie bei der Jagd nach dem Glück. Es gibt nur einen einzigen Weg, es zu erhaschen: den Gesetzen zu gehorchen, nach denen wir selbst geschaffen sind. Solange wir lediglich daran denken, auf welche Weise wir rasch reich werden können, suchen wir das Glück in der falschen Richtung und erreichen oft genug das Gegenteil dessen, was wir uns wünschen. Wenn wir ausschließlich selbstsüchtig und habgierig sind, können wir nicht im Einklang mit unserem inneren Selbst leben. Dies aber ist eine unabdingbare Voraussetzung zum Glücklichsein.

Natürlich kann uns ein gewisser Wohlstand zu mehr Sicherheit verhelfen, und Sicherheit ist eben *auch* eine wichtige Komponente des Glücks, auch wenn dies Philosophen und Moralprediger noch so oft zu verneinen pflegen. Deshalb halte ich Wohlstand nicht für etwas Schlechtes. Aber es kann nicht darum gehen, daß wir zeitlebens Reichtümer zusammenraffen und anhäufen wollen, denn Besitzgier ist eine üble Eigenschaft, die unser eigenes Leben und das Leben unserer Nächsten und unserer Mitmenschen vergiftet. Selbstsucht und wahres Glück widersprechen einander. Zufriedenheit, Heiterkeit, Zuneigung – keines dieser Mitglieder der Familie »Glück« kann im Hause des Habsüchtigen wohnen, der immer nur nimmt und niemals zu geben bereit ist.

Es gibt demnach also mehrere Formen des Glücks. Wenn wir von »Glück und Zufall« sprechen, meinen wir meist materielle Dinge, die uns überraschend zugefallen sind. Wenn wir aber sagen: »Ich bin glücklich«, meinen wir jenen schönen und fröhlichen inneren Zustand, den wir alle bewußt oder unbewußt anstreben und den die wenigsten Menschen jemals erreichen, es sei denn in den meist kurzen Glücksmomenten, die uns die Liebe schenkt. Glücklichsein aber ist die allumfassende Heiterkeit des Herzens, von der die Dichter sprechen. Und er, dieser Zustand, ist nur sehr schwer zu erreichen.

Wir kommen ihm dann am nächsten, wenn wir in unserer Familie und im Freundeskreis geborgen sind, lieben und selbst geliebt werden, wenn wir mit Befriedigung unserer Arbeit nachgehen, wenn wir Denken gelernt haben, wenn uns keine größeren finanziellen und anderen Sorgen heimsuchen, wenn wir die Befriedigung erleben, unsere Hauptziele erreicht zu haben. Einen anderen Weg zum Glück gibt es nicht. Glück ist nicht künstlich herbeizuführen oder aus der Retorte machbar. Freundschaft, Liebe, Verbundenheit, Zuneigung, Freude an der Arbeit – dies alles sind ganz einfache Dinge. Aber aus diesen einfachen Dingen besteht das Glück. Wenn wir sie unser eigen nennen können, dann sind wir in der Tat glücklich zu preisen.

Glücklichsein gleicht also einem Idealzustand – wie jedes vollkommene Ideal aber im eigentlichen Wesen unvollkommen ist, weil ihm die Spannung fehlt, so birgt auch das vollkommene Glück eine Gefahr: die der Selbstzufriedenheit und der … Langeweile. Dieser Gefahr entgehen wir nur dann, wenn wir uns immer dann ein neues Ziel setzen, wenn wir die alten erreicht haben.

Zuerst sollten wir die Kunst erlernen, die kleinen Freuden des Lebens zu genießen, die es täglich für uns bereithält. Die meisten Menschen leben nicht in der Gegenwart, sondern immer in der Zukunft: später, wenn sie etwas mehr Geld verdienen oder etwas mehr Freiheit haben oder endlich diesen oder jenen Schritt getan haben, dann wollen sie ihr Leben genießen. Nur wenige Menschen sind imstande, wirklich zu sagen: »Jetzt lebe ich wirklich so, wie ich es mir gewünscht habe. Ich genieße die Gegenwart und freue mich auf die Zukunft.«

Aus den ganz gewöhnlichen Erlebnissen des Alltags müssen wir das Glück herausholen können. Wir müssen es – denn Glücklichsein ist Pflicht. Niemand kann sein Bestes leisten, wenn sein Zustand nicht so ist, wie er sein soll – und Glücklichsein ist ein »Grundangebot« und genauso ein Grundbedürfnis unseres Daseins. Wer glücklich ist, der zeigt, daß er gesund, leistungsfähig und harmonisch ist – das Gegenteil ist ein Anzeichen von Krankheit, ein Zeichen davon, daß etwas nicht so ist, wie es sein sollte; daß etwas in unserem Leben nicht stimmt.

Das Glück hängt eng mit allem zusammen, was wir tun und denken. Der Mathematiker würde sagen, es ist eine Funktion unseres eigenen Tuns und Denkens, nicht der äußeren Umstände, die höchstens zu unserem Glück beitragen können. Wenn wir Hilfsbereitschaft, Güte und Selbstlosigkeit aussäen, dann aber werden wir

Glück ernten.

Epilog

»Es gibt nur einen Menschen auf der Welt, der dich wirklich glücklich machen kann. Es gibt nur einen Menschen auf der Welt, der dich wirklich unglücklich machen kann. Wie wäre es, wenn du diesen Menschen etwas besser kennenlernen würdest? Als Anfang: Stell dich mal vor den Spiegel, lächle und sage ›hallo‹!«

KEN KEYES in »Rezepte zum Glück«

Zweite Standortbestimmung

Liebe Leserin

Lieber Leser

Sie haben dieses Buch zu Ende gelesen. Unterwegs habe ich Ihnen Dinge an den Kopf geworfen, die Sie nicht gern gelesen haben werden. Und ich habe Sie mit meinen Wahrheiten konfrontiert, die Sie bestimmt nicht immer gutgeheißen haben, vielleicht habe ich gar das eine oder andere Mal Ihren Zorn geweckt.

Dies aber ist eigentlich schon alles, was ich mit diesem Buch erreichen wollte. Wenn es mir gelungen ist, Sie aufzuwecken, bin ich zufrieden. Denn damit habe ich erreicht, daß Sie nachgedacht haben.

Sie haben nachgedacht über sich selbst und über Ihr Leben.

Die letzte Aufgabe:

1. Wiederholen Sie die Standortbestimmung von Seite 70.

2. Und nun notieren Sie so kurz formuliert wie möglich, was Sie innerhalb der nächsten Tage konkret anpacken werden.

Was tue ich: Ab wann:

Anhang

Instrumente zur Weiterbildung – Bücher, die weiterführen

Die Handbibliothek

sollte zumindest folgende Bücher umfassen (erhältlich durch jede Buchhandlung):

Duden Bd. 1: Rechtschreibung. 21. Auflage (mit den Regeln der neuen Rechtschreibung)
oder
Bertelsmann: Die neue deutsche Rechtschreibung.
Duden Bd. 5: Fremdwörterbuch. 6. Auflage.
Ein gutes, möglichst mehrbändiges Konversationslexikon. Empfohlen seien die Lexika der Verlage Brockhaus, Bibliographisches Institut (Meyer), dtv (Taschenbuchausgabe) oder Bertelsmann.
Ein Weltatlas. Aus den Verlagen Westermann (RandMcNally und Diercke), Bertelsmann oder DroemerKnaur.
Wörterbücher Englisch-Deutsch/Deutsch-Englisch: Langenscheidt oder Pons (Klett Verlag). Taschenwörterbücher oder die umfangreicheren Handwörterbücher.
Reiners, Ludwig: Stilfibel. Taschenbuchausgabe bei dtv; gebundene Ausgabe im Verlag C. H. Beck.

Die meisten der genannten Titel sind auch als CD-Rom erhältlich.

Ihre Buchhandlung weiß Rat, wenn Sie Fachbücher oder Lexika zu Spezialthemen suchen.

Im Text erwähnte oder benutzte Literatur

Börsen-Lexikon. Herausgegeben von Alfred B. Siebers / Martin M. Weigert. Oldenbourg, München 1997 (für Fortgeschrittene).

Brändlin, Stefan / Zellweger, Hansruedi: Das Rembrandt-Programm®. Ressourcenoptimierung – die neue Dimension schöpferischer Lebensgestaltung. Oesch, Zürich 1998.

Brestel, Heinz: Jahrbuch für Kapitalanleger. Jährlich neu. Gabler, Wiesbaden (für Fortgeschrittene).

Bröker, Klaus F.: Geld verdienen mit Zinsen. Econ, Düsseldorf / München 1993.

Vom selben Autor Bücher über: Rentenpapiere (Obligationen, Sparbriefe, Investmentfonds etc.) / Devisen.

Carnegie, Andrew: Geschichte meines Lebens. Manesse, Zürich / Stuttgart 1994.

Carnegie, Andrew: Die Wahrheit über Reichtum und Geld. Oesch, Zürich 2000.

Clason, George S.: Der reichste Mann von Babylon. Die Erfolgsgeheimnisse der Antike. Conzett, Zürich 1998.

Coué, Emile: Autosuggestion. Wie man die Herrschaft über sich selbst gewinnt. Die Kraft der Selbstbeeinflussung durch positives Denken. Oesch, Zürich 1997. (Auch als Hörbuch lieferbar.)

Curie, Eve: Madame Curie. Die weltberühmte Biographie der Nobelpreisträgerin, die das Radium entdeckte. Fischer Taschenbuch, Frankfurt a. M. 1980.

Daepp, M. / Huber, V. / Pfunder, U.: Der Weg zum Eigenheim. Beobachter-Ratgeber, Zürich 1996 (nur für die Schweiz brauchbar).

DiTrocchio, Federico: Newtons Koffer. Geniale Außenseiter, die die Wissenschaft blamierten. Campus, Frankfurt a. M. 1998.

Emerson, Ralph Waldo: Von der Schönheit des Guten. Betrachtungen und Beobachtungen. Diogenes, Zürich 1997.

Franklin, Benjamin: Der Weg zum Reichtum. Geschichte meines Lebens. Oesch, Zürich 2000.

Guggenbühl, Adolf: Guggenbühls Schweizer Knigge. Ein Brevier für zeitgemäße Umgangsformen. Schweizer Spiegel, Zürich 1998.

Keyes jr., Ken: Rezepte zum Glück. Oesch, Zürich 1998.

Lindgren, Henry Clay: Psychologie des Geldes. Unabhängigkeit, Aner-

kennung, Schuldgefühle, Geiz, Verschwendungssucht oder Vom normalen Umgang mit Geld. Conzett, Zürich 1999.
Meyer, Marcel: Wo ich bin, ist oben. Die Kunst, sinnvoll mit sich selbst umzugehen. Oesch, Zürich 1999.
Oesch, Emil: Die Kunst, Zeit zu haben. Ratschläge für den Umgang mit unserem kostbarsten Gut. Oesch, Zürich 1999.
Peale, Norman Vincent: Die Kraft positiven Denkens. Oesch, Zürich 1999.
Peltzer, Karl: Das treffende Zitat. Gedankengut aus drei Jahrtausenden und fünf Kontinenten. Gondrom, Bindlach 1995.
RoAne, Susan: Sag doch einfach hallo! Wie man sich in Gesellschaft selbstbewußt bewegt und Kontakte knüpft. Oesch, Zürich 1998.
Schönfeldt, Sybil: Gutes Benehmen. Lebensart von A–Z. Goldmann, München 1997.
Schönfeldt, Sybil: Der ideale Gastgeber. Gewandt und sicher bei jedem Anlaß. Augustus, Augsburg 1997.
Simons, Heinz: Anlageratgeber Geld. Profiwissen für die starke Rendite. Planvoller Vermögensaufbau. Sichere Anlageformen. moderne industrie, Landsberg 1996.
Vom selben Autor: Anlageberater über Baufinanzierung (nur für Deutschland) und Steuern.
So nutzt man den Wirtschaftsteil einer Tageszeitung. Hrsg. von Jürgen Jeske und Hans D. Barbier. Societäts-Verlag, Frankfurt a. M. 1993.
Stein, Irmgard: Kleine Benimm-Dich-Fibel. Hyperion, Freiburg i. Br. 1963.
Stein, Irmgard: ABC gepflegter Gastlichkeit. Hyperion, Freiburg i. Br. 1960.
Trickett, Shirley: Angstzustände und Panikattacken erfolgreich meistern. Oesch, Zürich 1999.
Verne, Jules: Paris im 20. Jahrhundert. Zsolnay, Wien 1996.
Waitley, Denis: Nur wer handelt, kann gewinnen. Conzett, Zürich 1999.

Der Abdruck der zahlreichen Zitate von George S. Clason im Text erfolgte mit freundlicher Genehmigung des Conzett Verlags, Zürich.

Über den Autor

Orison Swett Marden wurde um 1850 in Thornton, New Hampshire (USA), geboren. Er studierte Rhetorik und Recht in Boston, danach Medizin in Harvard. Marden war Gründer und Herausgeber der weitverbreiteten Zeitschrift Success (»Erfolg«) und schrieb zahlreiche Bücher, die zu Welterfolgen wurden. Marden starb 1924 in New York.

Zu dieser Ausgabe

Die amerikanische Ausgabe dieses Buches erschien erstmals 1896 unter dem Titel »How to Succeed«; die erste deutsche Ausgabe, übersetzt von Dr. Max Christlieb, 1908 unter dem auch für die Neuausgabe verwendeten Titel »Wer sich viel zutraut, wird viel leisten«.

Seit dem erstmaligen Erscheinen vor mehr als hundert Jahren hat sich die Welt dramatisch verändert. In seinem Wesen aber ist der Mensch gleichgeblieben. Allein seine Ansprüche und sein Wissensstand haben sich vergrößert. So gelten die Wahrheiten, die Orison Swett Marden 1895 niederschrieb und 1896 veröffentlichte, unverändert auch für unsere Zeit.

Die Neubearbeitung mußte deshalb lediglich die »Verpackung« wechseln. Wir haben das Buch fast vollständig neu geschrieben, die Beispiele ausgetauscht und »modernisiert«. Zeitbedingtes wurde weggelassen, soweit es heute nicht mehr von Interesse ist.

Unverändert beibehalten wurden die zeitlosen Aussagen und Thesen von Orison Swett Marden. Ferner haben wir uns stets bemüht, so nah wie möglich an seinem Stil zu bleiben. Denn die Direktheit der Aussage und der spröde Charme der Sprache Mardens machen unseres Erachtens den Reiz dieses Buches aus. So soll »Wer sich viel zutraut, wird viel leisten« das bleiben, was es immer war: eine unverwechselbare und einzigartige Lebensschule.

Der Verlag